Bridge for Peace

Alicerce para a Cura

Esses ensinamentos estabelecem uma base sólida para quem quer ser curado ou para iniciar o ministério de cura.

Annette M. Eckart

Bridge for Peace Publishers
Wading River, New York

Bridge for Peace Publishers
PO Box 789
Wading River, NY 11792

Primeira Impressão, Junho de 2018

Alicerce *para a cura*
Fundamentos/Principios para a Cura
Copyright © 2010 by Annette M. Eckart

ISBN 978-0-9845306-7-0

For use with DVD *Foundation for Healing* © 2005 by Annette Eckart
Available through Bridge for Peace, PO Box 789, Wading River, NY 11792
Phone (631) 730-3982 fax (631) 730-3995
www.bridgeforpeace.org

Todos os direitos reservados.
Nenhuma parte desta publicação pode ser reproduzida ou transmitida de qualquer forma ou por qualquer meio eletrônico ou mecânico, incluindo fotocópias, gravação ou qualquer sistema de armazenamento ou recuperação de informações, sem permissão prévia por escrito da editora.

Os textos bíblicos neste livro incluem citações diretas, bem como as adaptações do autor, de várias traduções da Bíblia Sagrada.

Impresso nos Estados Unidos da

Caro leitor,

Nossa missão como servo de Deus tem um propósito e um deles é ajudar a outros a entender que Jesus é capaz de fazer o impossível, e para ajudar outros a compreender esse processo, precisamos ser curados, precisamos entender os fundamentos o alicerce que nos leva a cura.
A Cura que poderá ser interior, mental, física ou espiritual.
Este é o objetivo deste curso.
Que o Espírito Santo continue a guiá-los nesta jornada.
Oro para que Deus os abençoe no nome e pelo sangue de Jesus Cristo, nosso Senhor.

Leia Eisenhower - Felix, Ph.D.
Ponte para a Paz / Raphael Medical Mission
Oficial de Relações Públicas
Interpreter/Tradutora

ÍNDICE

INTRODUÇÃO	i
COMO USAR ESTE CURSO	iii

FUNDAMENTOS PARA A CURA PARTE UM — 1
Lição Um: Aliança — 2
Lição Dois: A Aliança de Sangue (Pacto) — 10
Lição Três: Herança — 21
Lição Quatro: Por que Jesus morreu por nós? — 34

FUNDAMENTOS PARA A CURA PARTE DOIS — 39
Lição Um: Autoridade I — 40
Lição Dois: Autoridade II — 46
Lição Três: Ser cheio do Espírito Santo — 54
Lição Quatro: A Oração da Aliança — 62

FUNDAENTOS PARA A CURA PARTE TRÊS — 74
Lição Um: Quatro Manifestações de Cura — 75
Lição Dois: Qualificado para Ministrar — 85
Lição Três: Quando você não vê a cura — 94
Lição Quatro: Coisas Maiores — 104

FUNDAMENTOS PARA A CURA : (Respostas)
Respostas: Parte UM — 113
Lição Um: Aliança — 114
Lição Dois: A Aliança de Sangue — 117
Lição Três: Herança — 121
Lição Quatro: Por que Jesus morreu por nós? — 123

Respostas: Parte Dois — 125
Lição Um: Autoridade I — 126
Lição Dois: Autoridade II — 128
Lição Três: Capacitados Pelo Espirito Santo — 131
Lição Quatro: A Oração da Aliança — 133

Respostas: Parte três — 135
Lição Um: Quatro Manifestações de Cura — 136
Lição Dois: Qualificado para Ministrar — 139
Lição Três: Quando você não vê a cura — 141
Lição Quatro: Coisas Maiores — 145

INTRODUÇÃO

Isaías 53: 1 pergunta: "Quem deu credito a nossa pregação?" O profeta continua anunciando a vinda e a paixão de Jesus Cristo. Isaías disse: "... Ele foi traspassado pelas nossas transgressões, Ele foi esmagado pelas nossas iniquidades; O castigo que nos trouxe a paz estava sobre Ele, e por Suas feridas fomos sarados (Curados). "(V.5)

A mensagem de Jesus Cristo tornando-se nosso substituto, levando nosso castigo pelo pecado, e dando-nos a paz, ainda nos desafia. Alguns encontrarão este estudo conflituoso, mas Deus reforça Sua Palavra e demonstra Seu poder ate hoje. Deus curou milhares, incluindo pessoas paralisadas, surdas, cegas e sem palavras, através da Ponte para a Paz em todo o mundo. Coloquei minhas mãos sobre pessoas doentes e senti que os pedaços e os bócios se desmaterializam por meio do Sangue de Jesus Cristo. Eu orei por pacientes com câncer e tuberculose e eles foram curados pelo poder do sangue de Jesus Cristo. Este é um relato em primeira mão do trabalho extraordinário de Jesus Cristo em todo o mundo através de cristãos comprometidos em Bridge for Peace.

Eu oro para que o Espírito Santo instrua, capacita e equipa. Espero que este estudo não se limite a acrescentar o seu conhecimento, mas que aumentará a sua paixão por Cristo num ministério de salvação de almas, cura e libertação a pessoas desesperadas e sofridas. Se você já ora por pessoas e testemunha curas, eu oro para que os estudos das escrituras e testemunhos de sua força o fortaleçam e o encorajem a perseverar o que o Senhor te deu. "... o castigo que nos trouxe a paz estava sobre Ele." Jesus é o Príncipe de Paz, Ele e a nossa Ponte para a Paz.

Annette M. Eckart

Sugestões sobre como usar este curso

Algumas pessoas testaram o curso Fundamentos para a Cura em New York, e Patti Gordon do Projeto Ponte para a Paz, conduziu um estudo nos lares. Com base em seus comentários, eu editei o estudo, adicionando escritura de apoio e exemplos para clareza. Os participantes relataram revelações que mudaram a vida, conforme estudavam o curso. Algumas das sugestões a seguir sobre como otimizar seu estudo vêm dessa experiencia.

Eu sugiro que você veja o DVD com o livro do curso. Veja os primeiros vinte minutos de ensino, então comece a lição correspondente. O DVD é a minha experiência, a parte do estudo e o trabalho a ser feto sera a sua experiencia. Eu gravei o DVD para ajudá-lo a aprender com meus vinte anos de ouvir o Senhor, estudando Sua Palavra e orando por pessoas em todo o mundo ao lado de meu esposo Ed e com toda equipe do Ponte para a Paz. Ao longo dos anos, Deus enviou pessoas para nos ajudar - agradecimentos especiais aos Chapmans e Colebrooks. Se você preferir, o estudo pode ser usado sem o DVD.

Este material pode ser usado como um estudo independente ou com um grupo. Há espaço para registrar suas anotações, então você não precisará de um caderno separado. Você precisará da (s) Bíblia (s) de sua escolha. Se você planeja estudar sozinho, o estudo é dividido em doze seções. Novamente, eu recomendo que você veja o DVD, então mergulhe na lição que acompanha, trabalhando em seu próprio ritmo.

Se você planeja liderar o estudo como um grupo, planejar catorze reuniões. Patti Gordon deu aos participantes do grupo um horário. Eles se encontraram semanalmente, mas às vezes uma pausa foi programada devido a feriados. O itinerário manteve todos os participantes informados do que seria discutido e foi uma referência útil para verificar as informações na reunião.

Patti teve vários participantes que não se conheciam, então ela começou com um jantar na casa dela para que os participantes tivesse a oportunidade de se conhecerem. Ela distribuiu o Manual do Curso nessa reunião. No final da noite, o grupo viu DVD Lição um. Durante a semana, os participantes completaram a Lição Um. Na semana seguinte, eles discutiram as perguntas. No final da noite, eles viram a Lição Dois.

Se você estiver fazendo um estudo em grupo, sugiro que você dividia a Segunda Parte da Lição 4 "A Oração do Aliança" em duas semanas. O material é muito rico para ser coberto em uma sessão. Para dividir a lição, cubra a Oração da Aliança: Examinando a Oração, o Poder de Cura e o Poder para Equipar, páginas 61-65 em uma semana. Na semana seguinte, cobrir o próximo segmento da Oração da Aliança : Poder para o Arrependimento, Poder para o Perdão e Poder através da Oração, páginas 66-71. Se você dividir as lições, você somará catorze sessões. Na última reunião, foram distribuídos formulários de avaliação.

Deus te abençoe ao realizar o Curso Fundamentos para a Cura. Aprecie sua exploração da Palavra de Deus. Ponder as perguntas; Tomar tempo para pesquisar seu coração antes de responder. Convide o Espírito Santo, nosso Mestre Perfeito, a orientar seu estudo. Estou certo de que Deus lhe dará novos e excitantes entendimentos.

Alicerce para a Cura

Parte Um

Lição Um: A Aliança

Lição Dois: A Aliança de Sangue (Pacto)

Lição Três: Herança

Lição Quatro: Por que Jesus morreu por nós?

Bridge for Peace Alicerce para a Cura

PARTE UM

LIÇÃO UM

A Aliança (Pacto)

Por que a aliança é importante para você? Encontramos nosso lugar na história de milhares de anos de história registrada estudando aliança. Leia, estude, vire páginas das Escrituras Sagradas , e um padrão emerge. Homens e mulheres entram na aliança divina, falham e descobrem a fidelidade de Deus. Encontre esperança em exemplos de guardas da aliança que, embora repetidamente golpeados sob o martelo da opressão, permanecem fiéis. Celebrem a graça dada por Deus triunfante dentro deles, enquanto as condições esgotante os cercaram. Perceba que o poder vitorioso de Deus pode caracterizar sua vida hoje. Reexaminar os fracassos pessoais e os sucessos contra o pano de fundo de séculos de natureza humana. Reconhecemos quem é Deus e quem somos neste momento, despertando para a batalha do espírito e da carne. O implacável e extravagante amor de Deus nos surpreende quando nos concentramos na aliança. Escrevemos um novo capítulo da história. Deus quer que você seja um herói da fé. Aceite Sua oferta de aliança com Ele ou reafirme seu compromisso. Sua escolha produzirá resultados tão diferentes quanto uma bênção é diferente de uma maldição, tão diferente quanto a vida é da morte.

A ALIANÇA

Meu esposo Ed e eu exploramos a possibilidade de comprar terras. Os proprietários anteriores tinham feito um acordo com a cidade chamado de aliança. Tanto a cidade como os proprietários contrataram advogados para representá-los no estabelecimento de um pacto. Através do pacto, as partes concordaram em restringir o uso da terra a certas atividades. Nosso advogado aconselhou: "Esta aliança nunca poderá ser removida". A cidade e os futuros proprietários estavam ambos legalmente vinculados pelos termos da aliança.

Deus iniciou convênios vinculativos, ou acordos, com a humanidade ao longo da história, incluindo Noé, Abraão, E Moisés. Essencialmente, Deus disse: "Eu farei isso se você Fazer isso ". Deus escolheu homens para realizar sacrifícios para selar os acordos de pacto que afetaram as gerações futuras. Eles se tornaram mediadores dos convênios. Como veremos, Alianças requerem ação de duas partes. Ação é necessária. Daqueles que optam por entrar numa aliança com Deus.

> **Nós entramos Em aliança com Deus Quando escolhemos servir a Cristo.**

NOÉ

1) Deus fez uma aliança com Noé. (Leia Gênesis 8: 20-22). O que fez Noé?

_____

_____

Bridge for Peace Alicerce para a Cura

2) O que Deus fez?

_____

_____

ABRÃO

Deus fez uma aliança com Abraão (chamado Abrão naquele tempo, Deus mais tarde mudou seu nome para Abraão). (Leia Gênesis, capítulo 15).

3) O que Abraão fez? (v.10)

_____

_____

4) O que Deus fez? (v. 18)

_____

_____

_____

_____

5) Você pode compartilhar uma experiência pessoal de pacto incluindo a ação exigida de ambas as partes?

_____

_____

Do estudo acima, vemos como duas partes estão vinculadas pelo pacto. A palavra aliança é facilmente definida pelo dicionário, mas não facilmente plantada em nossos corações. Deus é fiel a Sua aliança. Ele é verdadeiro consigo mesmo. Deus não tem nenhum problema com autocontrole, limites, compulsões, autodisciplina, impetuosidade ou paixões desenfreadas. Deus não é como nós. Podemos saber o que é um pacto, mas ainda não sabemos como manter a aliança com um Deus Santo.

Bridge for Peace Alicerce para a Cura

Às vezes nos convencemos de que o fim justifica os meios. Deus é justiça. Um dia Ele julgará as nações. Desculpamos nossa culpa e empregamos pensamento relativo. *Meus pecados não são ruins em comparação com alguém como Hitler. Afinal, eu sou uma boa pessoa em geral.* Jesus contesta nosso pensamento relativo em Mateus 5:27. Ele diz que quando olhamos com lucidez para alguém cometer adultério. Quantas pessoas babam olhando estrelas de cinema, masculino e feminino, sem uma pontada de consciência? Quantas pessoas acham absolutamente aceitável a luxúria de músicos e personalidades de televisão?

Saber o que o Senhor exige de nós para que possamos ter a vida eterna não necessariamente nos leva a mudar. Na Austrália, um aviso direto é estampado na frente de pacotes de cigarros australianos, "SMOKING KILLS". As pessoas lêem a mensagem, "fumar mata", mas não necessariamente mudar seus hábitos de fumar. Podemos perceber que há consequências em ignorar as advertências de Deus, mas teimosamente recusamos "limitar" nossas liberdades obedecendo a Deus. Indulgentes impulsos ímpios sob a ilusão de que esses comportamentos trarão felicidade aprofunda a escravidão, distorce o discernimento e leva à morte. Nós erroneamente vemos Deus como um ditador. O que parece limitar a nossa natureza caída é, em última análise, libertar. Se obedecermos à aliança de Deus, podemos confiar em Deus para cumprir Suas promessas de vida. O poder de Deus sustenta Sua Palavra, como demonstrado na história de Abraão.

Deus reafirmou Sua aliança quando Abram tinha 99 anos de idade.
(Leia Gênesis 17:3-27.)

6) O que Deus pediu a Abraão para fazer como um sinal do acordo de pacto entre Deus, Abraão e os descendentes de Abraão?

_____

A circuncisão de Abraão, uma marca permanente cortada em seu corpo, era um sinal permanente da aliança que Deus fez com Abraão. Lembraria Abraão das promessas da aliança de Deus.

7) As promessas de Deus a Abraão: (Leia Gênesis 17: 3-8, 19.)

a)_____

b)_____

c)_____

Na velhice, Abraão e Sara conceberam seu filho Isaque. Abraham nasceu em 2166 aC. Isaac nasceu em 2066 aC. Então Deus confirmou Sua aliança novamente.

Bridge for Peace Alicerce para a Cura

8) O que Deus pediu a Abraão para fazer? (Leia Gênesis 22: 1-18.)

_____

_____

9) O que Abraão fez?

_____

_____

10) O que Deus fez?

_____

_____

11) O que Deus disse?

_____

_____

_____

MOISES

Mais de 500 anos depois, Deus fez promessas a Moisés. (Leia Êxodo 3.)

12) Se Moisés voltasse ao Egito, Deus prometeu resgatar os israelitas de _____ E levá-los a _____(v.16-17)

Deus chamou Moisés até o Monte. Sinai para propor uma aliança. (Leia Êxodo 19: 3-8.)

13) O que Deus queria que os israelitas fizessem?

_____

14) O que Deus prometeu aos israelitas se eles concordassem com a aliança?

_____

_____

15) Como os israelitas responderam?

_____

Parte Um - Lição Um
Aliança

Bridge for Peace Alicerce para a Cura

Deus detalhou as responsabilidades dos israelitas no que veio a ser conhecido como os Dez Mandamentos, dez regras famosas da aliança. (Leia Êxodo 20: 3-17.)

16) Quais são os Dez Mandamentos?

1) _____

2) _____

3) _____

4) _____

5) _____

6) _____

7) _____

8) _____

9) _____

10) _____

Deus ensinou a Moisés e deu-lhe regulamentos. Moisés explicou isso aos israelitas. O povo concordou em obedecê-los. Moisés escreveu os ensinamentos e regulamentos de Deus e construiu um altar. (Leia Êxodo 24: 1-8.)

17) Que ação Moisés tomou em palavras e ações? (v.1-7)

a) _____

b) _____

c) _____

d) _____

e) _____

f) _____

18) Como as pessoas responderam?

_____

Bridge for Peace Alicerce para a Cura

19) Então o que Moisés fez? (v.8)

20) O que compreende sobre Aliança, qual a sua ideia sobre isso?

Moisés ensina as pessoas sobre a importância do sangue. Ele nos prepara para entender o propósito do sangue no ministério de cura hoje.

21) O que Moisés disse sobre o sangue e a aliança?

Moisés falou aos israelitas em nome de Deus como mediador. Ele estava entre Deus e os israelitas. Ele ordenou o sacrifício e aspergiu o sangue que confirmou que Deus tinha feito um acordo com eles chamado de Antiga Aliança.

22) Qual é o papel de um mediador?

23) Você já teve alguma experiência com mediação ou conhece alguém que teve experiência de lidar com um mediador? Em que circunstâncias foi procurado um mediador? O que aconteceu?

ADÃO E EVA

Vamos voltar ao Paraíso, o princípio, e aplicar nossos conhecimentos de aliança e mediador.

Adão e Eva pecaram desobedecendo a Deus no Jardim do Éden. (Leia Gênesis 3: 1-24.)

Deus os baniu do Jardim do Éden. Nós não estávamos no jardim quando Adão e Eva desobedeceram a Deus. Por que não tivemos a chance de viver no Paraíso?

Bridge for Peace Alicerce para a Cura

24) Leia e parafraseiem Romanos 3:23.

_____

_____

A Bíblia diz que Jesus veio ao mundo para salvar os pecadores. (Leia 1 Timóteo 1:15.) Isso é uma boa notícia!

25) Você já pecou - mentiu, invejou, roubou, usou o nome de Deus em vão?

_____

Nossa pecaminosidade mostra como Adão e Eva e como hoje desobedecemos a Deus. Os israelitas prometeram obedecer aos Dez Mandamentos e não puderam. Não podemos guardar os Dez Mandamentos. Os Dez Mandamentos nos convencem de nossa pecaminosidade. Precisamos de uma Nova Aliança porque nossas próprias ações nos amaldiçoam. (Leia Romanos 3:20.)

Deus prometeu no Velho Testamento fazer uma Nova Aliança conosco. O pacto que Deus estabeleceu conosco através de Seu Filho Jesus Cristo permanece hoje. Como em outros convênios que estudamos, é necessária ação de duas partes. Se entramos em aliança com Deus, escolhemos servir a Jesus Cristo.

26) O que Deus promete na Nova Aliança? (Leia Hebreus 8: 10-12.)

_____

_____

_____

_____

27) Quem mediou a Nova Aliança? (Leia 1 Timóteo 2: 5-6.)

_____

28) O que fez o Mediador da Nova Aliança?

_____

_____

Bridge for Peace Alicerce para a Cura

O casamento é uma aliança. O casamento é um acordo legal entre duas pessoas que são atraídas umas às outras, optam por deixar para trás suas vidas anteriores para entrar em um relacionamento permanente e abraçar uma nova vida juntos. Fazem um compromisso público uns com os outros, prometem amar uns aos outros, tornarem-se a prioridade na vida um do outro e estão unidos através de uma nova intimidade.

29) Como é que o Novo Pacto é semelhante ao casamento?

_____

_____

_____

_____

30) Quais são algumas diferenças entre a Velha e a nova Aliança?
(Leia Hebreus 10:16.)

Antiga Aliança	Nova Aliança
Baseado na lei	baseado em _____
Escrito na pedra	Escrito em _____
Mediada por Moisés	Mediado por _____
Ensinado por Moisés	Ensinado por _____

31) Em suas próprias palavras, descreva a Nova Aliança.

_____

_____

32) O que é exigido de você para entrar na Nova Aliança de Deus? Resposta pessoal.

_____

_____

Casais comprometidos ouvem um ao outro e aprofundam seu relacionamento.

33) Como crescemos em nossa relação de Nova Aliança com Deus?

_____

_____

Parte Um - Lição Um
Aliança

Bridge for Peace Alicerce para a Cura

PARTE UM

LIÇÃO DOIS

A ALIANÇA DE SANGUE

John Immel, policial aposentado, sofreu com a debilitação uma dor no joelho. O médico recomendou cirurgia de substituição do joelho. Ed orou por João através do poder do Sangue de Jesus Cristo. A cirurgia de substituição do joelho de John foi cancelada! As pessoas perguntam: "Por que você ora, 'O Sangue de Jesus'?" Nesta seção, começamos a explorar o significado de O Sangue de Jesus Cristo. Muitos associam "sangue" a Experiências negativas e sentir repulsa pelo pensamento Do mesmo. Se você é revoltado pelo sangue, peça ao Espírito Santo para Curar seus medos. Frases como "O Sangue de Jesus tem poder" ou "O Sangue da Cruz" são declarações de vida. Nossa salvação Depende do Sangue de Jesus, assim como a nossa cura, a nossa Libertação, e nossa provisão. À medida que exploramos o Significado do sangue, peça ao Espírito Santo que Entendimento sobrenatural sobre o Sangue sagrado de Jesus Cristo.

> As pessoas perguntam, "Por que você reza, - O Sangue de Jesus? Nesta secção, Começamos a explorar o significado.

ADAO e EVA
(Leia Genesis 3.)

Deus deu a Adão e a Eva domínio sobre toda a terra (Gênesis 1:26). Eles escolheram a desobediência e o domínio perdido. Adão e Eva perderam sua inocência, viram sua nudez e sentiram-se envergonhados (Gênesis 3: 7). Eles fizeram coberturas para si mesmos para esconder a sua nudez.

1) Adão e Eva fizeram uma cobertura de

_____

2) Deus conhecia a inadequação (inadequado) da cobertura feita pelo homem e forneceu a Adão e Eva uma cobertura de

_____ (Gênesis 3:21)

3) O que tinha que acontecer para Deus fazer uma pele de animal cobrindo Adão e Eva?

_____

O derramamento de sangue era necessário para a cobertura de Adão e Eva. Este foi o primeiro sacrifício de sangue.

Bridge for Peace Alicerce para a Cura

ABRAÃO
(Leia Gênesis 15: 1-21.)

Quando começamos o capítulo quinze, lembramo-nos de que Abraão envelhecido (então chamado Abram) não tinha filhos, sua esposa Sarah (então Sarai) estava bem avançada em idade. Deus reitera Sua promessa a Abraão de descendentes e uma nova terra. Deus ordena um sacrifício de sangue para que Abraão entendesse que Deus estava falando sério sobre a Sua palavra. Abraão compreendeu, como qualquer homem de sua geração, que o sacrifício "selou" a promessa de Deus de dar a Abraão descendentes muito numerosos para contar e uma nova terra.

A definição de Webster de aliança é: "um acordo vinculativo ou solene fazer por dois ou mais para fazer ou manter uma promessa uma coisa especificada."

A palavra bíblica significa *"corte"* em hebraico, referindo-se ao ritual de caminhar entre pedaços de carne *cortada*. O que foi realizado por Abraão em Gênesis mostra a origem do sacrifício de sangue implícito na aliança. Temos o privilégio de observar esta reunião única entre Deus e Abraão através das Escrituras.

Entre nessa passagem bíblica. Imagine Abraão curvado, cortando uma carne da novilha, lutando com uma faca, cheiro de sangue, Abraham comprando sob o peso do corpo, posicionando-o com mãos ensanguentadas. Visualize Abraão batendo os braços em abutres, guardando o sacrifício. O que aconteceu quando, exausto, ele dormiu? Como era sentir o horror e um grande escuridão? Como uma voz de Deus pode subir? Como Abraão se sentiu quando ouviu como palavras de Deus? Imagine uma atmosfera misteriosa de chama e cheire a fumaça. Através do sacrifício. Deus selou uma promessa de Sua fidelidade na mente de Abraão para sempre.

4) Que animais Deus mandou a Abraão sacrificar?

_____

5) O que Abraão fez com os animais?

_____

_____

6) Deus claramente especificou o que desejava como sacrifício. Você já ouviu Deus pedir-lhe um sacrifício específico? Qual foi a sua experiência?

_____

_____

Parte Um– Lição Dois
A Aliança de Sangue

Bridge for Peace Alicerce para a Cura

7) Abraão caiu em sono profundo, viu uma visão terrível, e ouviu as promessas de Deus novamente. Você se lembra de um tempo, talvez um tempo assustador, ou um exemplo quando você precisava de segurança, quando Deus confirmou Sua promessa a você?

_____

_____

Fogo e fumaça simbolizam a Presença de Deus, Sua santidade e zelo.

8) Como Deus participou do ritual de selar uma aliança com Abraão?

_____

Deus falou a linguagem da cultura de Abraão.
Ao iniciar este cerimônia, Deus comunicou a seriedade de Sua promessa de Abraham. No mundo de Abraão, sacrifício com sangue selou um Pacto solene entre dois homens. Na sua civilização, o A cerimônia significou: "Posso ser destruído como esses animais se eu falhar Para cumprir a minha promessa. "Quebrar a aliança tinha a Consequências mais graves. Abraão sabia que Deus estabeleceu uma aliança Com ele através do sangue dos animais.

> **Deus falou a linguagem da cultura de Abraão.**

9) Deus usou a linguagem do dia para comunicar Sua promessa de Abraham. Quais são algumas maneiras pelas quais Deus se comunica com você hoje?

_____

_____

Deus milagrosamente cumpriu Suas promessas. (Leia Gênesis 21: 1-7.) Abraão e Sara conceberam Isaque na velhice.

10) Você se lembra da alegria de uma tão esperada promessa cumprida? Explicar.

_____

_____

Isaque foi o cumprimento da promessa de Deus. (Leia Gênesis 21:12.)

11) O que Deus disse que aconteceria através de Isaac?

_____

_____

Bridge for Peace Alicerce para a Cura

Depois de cumprir Sua promessa, Deus agarra nossa atenção com um comando surpreendente. Deus pede a Abraão para sacrificar Isaque. (Leia Gênesis 22: 1-2.)

Estamos chocados e admirados, *porque Deus pediria o sacrifício de Isaque?* Os adoradores de ídolos sacrificavam crianças (Levítico 18:21), mas como nosso Deus amoroso poderia pedir a matança de Isaque? Uma cena crucial na história da salvação se desenrola quando o pai e o filho escalam o Monte Moriah. (Leia Gênesis 22: 3-18.) Os atos intencionais de Deus pressionam para a restauração.

12) Abraão instruiu Isaque para levar a lenha. Ele deveria ser sacrificado naquela madeira. Como você se sente sobre esse sacrifício?

_____

_____

13) Jesus concordou em levar a lenha. Ele deveria ser sacrificado naquela madeira. Quaisquer que sejam seus sentimentos sobre o sacrifício de Abraão, como eles se comparam com seus sentimentos sobre o sacrifício de nosso Pai Deus?

_____

_____

_____

_____

14) O que Isaque pede a Abraão? (Leia Gênesis 22: 7-8.)

_____

15) O que Abraão responde?

_____

A resposta de Abraão profetiza a morte do único filho de Deus, Jesus Cristo, como o perfeito cordeiro do sacrifício.

16) O que Abraão viu? (Leia João 8:56.)

_____

_____

Parte Um– Lição Dois
A Aliança de Sangue

Bridge for Peace Alicerce para a Cura

17) Podemos sentir dor e alegria ao mesmo tempo. Você já foi capaz de ver o futuro prometido como Abraão fez enquanto estava em meio a uma circunstância dolorosa?

_____

_____

_____

Abraão construiu um altar, preparou madeira para queimar o sacrifício, amarrou Isaque e colocou-o sobre o altar. Abraão levantou o cutelo para matar seu filho como um sacrifício de sangue. (Leia Gênesis 22: 9-13.)

18) O que o anjo do Senhor fez?

_____

19) O que Deus disse?

_____

_____

_____

20) O que Abraão sacrifica?

_____

Isaac não morre; O cordeiro se torna um holocausto substituto. (Leia Romanos 5: 6-11.)

21) Romanos 5 nos diz que Jesus morreu por _____. O cordeiro substituiu Isaac. Jesus tornou-se nosso substituto. Jesus substituiu Seu _____ por nosso.

A Bíblia diz que fomos corrigidos à vista de Deus pelo Sangue de Jesus Cristo. Jesus tomou nossa culpa sobre si (Leia Romanos 6:23.)

22) Qual é a salario do pecado?

_____

23) Como somos libertados da pena de morte?

_____

Bridge for Peace Alicerce para a Cura

Abraão diz a seus servos para esperar com o jumento enquanto ele continua com Isaque para adorar. (leia Genesis 22: 5.)

24) Quem diz Abraão que retornará?

___

25) Como as escrituras mostram, Abraão teve a intenção de matar Isaque?. O que poderia significar a resposta de Abraão? (Leia Hebreus 11: 17-19.)

___

Como afirmado anteriormente, o que parece limitar-se a nossa natureza caída é, em última análise, libertar. Abraão escolheu obedecer a Deus, submetendo-se à vontade de Deus. Deus não forçou Abraão a obedecer. Se Abraão se recusasse a Deus, ele não teria visto a bênção. Deus ainda era capaz de abençoar Abraão, mas não violaria Sua aliança. O nosso Deus limita a sua onipotência porque Ele quer que façamos livremente uma aliança com Ele e o amemos.

O paraíso era para um povo puro. Adão e Eva escolheram o pecado. Deus não podia permitir que eles ficassem. Eles escolheram livremente viver sob a regra de satanás. Como afirmado na lição anterior, Deus não tem problemas de fronteira quando Ele estabelece uma aliança. Ele não age impetuosamente. Deus nos exorta em Deuteronômio 30: 15-20 a escolher a vida, a escolher a quem serviremos. Deus nos deu o livre-arbítrio. No mesmo momento, Ele escolheu limitar-Se. As Escrituras claramente delineiam várias maneiras que Deus escolheu para se limitar.

O Salmo 78 lembra como as pessoas "limitaram o Santo de Israel". Deus queria trazê-los para uma nova terra, mas estava limitado por sua desobediência.

Mateus 23:37 nos mostra como Jesus desejava cuidar e nutrir as pessoas, mas não podia porque "não o faria". Jesus estava limitado pela resposta do povo.

Marcos 1:45 registra como Jesus não podia ir abertamente para a cidade. O entusiasmo (desobediência) do leproso forçou Jesus a evitar cidades, limitando-o nas cidades que podia visitar.

Marcos 6: 5 nos diz como a falta de fé na cidade onde ele cresceu limitou o ministério de Jesus Cristo.

Malaquias 3:10 detalha como Deus foi limitado, porque o povo não deu. Ele não poderia abençoá-los, quando Sua natureza é abençoar.

Os pactos exigem ação de ambas as partes envolvidas. Se não quisessem, Deus não poderia. Deus é limitado não porque Ele é fraco, mas porque Ele é fiel. Deus está procurando os obedientes para fazer coisas maravilhosas. Deus usou Abraão para estabelecer um precedente legal que nos libertasse do poder de satanás.

Bridge for Peace Alicerce para a Cura

26) Quem é o deus deste mundo? (Leia 2Coríntios 4: 4).

_____

27) De quem é o poder deste mundo? (Leia 1João 5:19.)

_____

28) Onde reinou Satanás e onde ele trabalha? (Leia Efésios 2: 2).

_____

Sempre que Satanás é mencionado, podemos esperar fortes reações. Algumas pessoas dizem que Satanás não existe. Outros o encontram em toda parte. As escrituras anteriores nos dizem a verdade. Satanás está vivo e limitado.

Adão e Eva escolheram desobedecer a Deus; Eles foram expulsos, amaldiçoados e sofreriam a morte física. Sua escolha pecaminosa os submeteu ao poder perverso de Satanás. Eles escolheram crer em satanás, quebraram a lei de Deus e ficaram sujeitos à conseqüência legal do pecado. Deus desejou restaurar a humanidade através de uma nova aliança ratificada com sangue. Deus fez alianças com Noé, Abraão, Moisés e outros, selados com sangue animal. Esses convênios não poderiam libertar a humanidade pecadora do domínio de satanás. No entanto, o tempo do Perfeito, Jesus Cristo, se aproximou.

Jesus, falando de Sua morte, disse que o tempo do julgamento para o mundo tinha chegado.

29) Quem Jesus disse que seria expulso? (Leia João 12:31)

_____

30) Como você se sente sobre a realidade de satanás como a Bíblia o descreve?

_____

_____

_____

_____

_____

_____

Bridge for Peace Alicerce para a Cura

MOISÉS

Deus estabeleceu um sistema de sacrifício de sangue para o perdão do pecado de Israel. (Leia Hebreus 9: 1-6.)

31) Quais eram as duas salas convocadas na tenda da revelação?

_____

32) Como eram os dois quartos foram separados?

_____

33) O que estava na primeira sala?

_____

34) O que estava na segunda sala?

_____

_____

35) O que a Arca da Aliança contém?

_____

_____

A Arca tinha uma tampa de ouro puro - a cobertura de expiação. Dois anjos de ouro martelados com asas espalhadas foram anexados à capa de expiação tornando-a uma peça. Os anjos encararam-se e olharam para a cobertura da expiação como se estivessem pairando sobre ela.

36) Por que a Arca da Aliança ou a Arca do Concerto era importante?
(Leia Êxodo 25:22.)

_____

_____

Parte Um– Lição Dois
A Aliança de Sangue

Bridge for Peace Alicerce para a Cura

Moisés recebeu instruções específicas para o sacrifício de sangue. Um homem colocou as mãos na cabeça de um animal para simbolizar a identificação com o animal como seu substituto. Ele transferiu simbolicamente seus pecados para o animal (Leia Levítico 1: 1-5.) O homem trouxe a oferta animal, colocou as mãos sobre sua cabeça, e Deus aceitou a oferta como o substituto do pecador.

37) Qual é a sua compreensão deste sistema de substituição?

_____

_____

_____

O homem trouxe seu sacrifício e seu arrependimento a Deus. Este sistema de adoração era um arranjo limitado e temporário. (Leia Hebreus 9: 9-10.)

38) Qual era a limitação deste sistema da Antiga Aliança?

_____

Moisés recebeu regras estritas em relação à adoração. (Leia Hebreus 9: 7-8.) Somente o sumo sacerdote era permitido uma vez por ano entrar no Santo dos Santos, ou no Lugar Santíssimo. Sua entrada era condicional.

39) Em que condições o sumo sacerdote poderia entrar no Santo dos Santos?

_____

40) Qual era o propósito do sangue?

_____

41) Deus só podia ser abordado com _____

JESUS CRISTO

Uma nova aliança foi estabelecida pelo sangue de Jesus Cristo.
(Leia Colossenses 1: 13-14.)

42) O que Jesus Cristo fez por meio de Seu sacrifício de sangue?

_____

_____

Bridge for Peace Alicerce para a Cura

A Velha Aliança nunca poderia obter o perdão dos pecados por nós.
(Leia Hebreus 9:11-18.) Exploremos intencionalmente os dois convênios com a esperança de aumentar nossa compreensão do velho prenunciando a nova e perfeita aliança.

43) Anualmente, um sumo sacerdote entraria no Santo dos Santos. Houve uma sucessão de sumos sacerdotes atribuídos a este privilégio. Quem é Sumo Sacerdote para sempre?

___

44) O sumo sacerdote entrou no santuário do templo. Em que santuário entrou Jesus Cristo?

___

45) O que aconteceu no templo quando Jesus Cristo morreu? (Leia Mateus 27: 50-51.)

___

O sangue derramado por Jesus Cristo rasgou o véu do templo que separava o Santo dos Santos do Lugar Santíssimo. O véu rasgado simbolizava a destruição do antigo sistema de sacerdotes, dando-nos acesso a Deus através do Sangue de Jesus Cristo. O sistema do templo na terra era uma cópia das coisas no céu. (Leia Hebreus 9: 23-28.) Sob a Antiga Aliança, o sumo sacerdote só podia entrar no Santo dos Santos com sangue de animais, apenas uma vez por ano. Uma expiação anual pelo pecado era necessária. Um animal substituído pelo povo, levando seus pecados.

46) Como a cerimônia anual de expiação é realizada por um sumo sacerdote israelita semelhante e diferente de Jesus Cristo entrando no Santo dos Santos?
(Leia Hebreus 9: 11-18.)

___

___

___

47) Como podemos nos aproximar de Deus?

___

48) O que era exigido sob a Antiga Aliança como prova de morte? (Leia Hebreus 9: 16-18.)

___

49) Como recebemos a salvação e nossa eterna herança?

___

> **O Filho sofreu, assim como o Pai e o Espírito. Não importa quanto tempo estudemos, estou certo de que mal começamos a entender a preciosidade do Sangue de Jesus Cristo.**

Bridge for Peace Alicerce para a Cura

Abraão não perguntou: "Por quê?" Ele obedeceu. Ele confiava. Ele acreditou. Abraão travou guerra espiritual através da obediência.

A cena de Abraão e Isaac no Monte. Moriah traz emoções fortes. Há um suspiro de alívio quando o anjo impede a mão de Abraão de mergulhar o cutelo em Isaque. No entanto, nosso Pai não poupou Seu único Filho a quem Ele ama com um amor perfeito. Jesus Cristo era totalmente humano e divino. Ele morreu por nós, porque a morte e o derramamento de sangue eram necessários para nossa restauração e herança eterna. Sentimos profunda gratidão pelo sacrifício de Deus?

Às vezes somos complacentes com a morte de Jesus Cristo, como se realmente não custasse a Deus. Deus é terno, gentil, amoroso e sensível. Um Deus em forma de três. O que acontece com Um na Trindade acontece com todos. O Filho sofreu, assim como o Pai e o Espírito. Não importa quanto tempo estudemos, estou certo de que mal começamos a entender a preciosidade do Sangue de Jesus Cristo.

50) Como você responderia à pergunta: "Por que você ora e clama pelo Sangue de Jesus?"

_____

_____

_____

_____

_____

O Sangue de Jesus provou que Ele se tornou meu substituto. O castigo pela minha pecaminosidade era a morte, mas Jesus substituiu Sua vida pela minha. Agora posso me aproximar de Deus por causa do Sangue de Jesus. O Sangue de Jesus comprou a minha liberdade. O Sangue de Jesus perdoou meus pecados. O Sangue de Jesus restaurou a minha herança.

No capítulo seguinte, vamos explorar nossa herança.

Bridge for Peace Alicerce para a Cura

PARTE UM

LIÇÃO TRÊS

A HERANÇA

O estudo de herança é um duplo equipamento, ajudando você a viver uma vida plena e orar com uma demonstração do poder do Espírito Santo. A falta de entendimento a respeito de nossa herança em Cristo resulta em um déficit de energia. Temos uma herança em Cristo que nos equipa para superar desafios pessoais e orar com resultados. As condições que governam a herança humana imitam as exigências sobrenaturais para receber nosso direito de primogenitura divino. Ore para que o Espírito Santo compreenda sua herança através de Jesus Cristo quando você começa.

A mãe de Ed, Erna, recebeu uma carta certificada informando-a de que um parente desconhecido havia morrido na Alemanha. Uma busca para encontrar o parente mais próximo localizou Erna nos Estados Unidos. Ela tinha que provar que era Erna Eckart. Enviou fotocópias de papéis pessoais e assinatura notarial. Advogados alemães verificaram a sua identidade e aconselharam-na a esperar um cheque por correio certificado. Nós aguardamos ansiosamente a carta para ver o que Erna tinha recebido.

Aqueles que receberam Jesus Cristo como seu substituto qualificam para receber uma herança. (Leia Colossenses 1:12.) A promessa de herança de Deus gera excitação. A herança de Deus é dada àqueles que vivem a vida trocada.

1) Você está curioso sobre a herança que Jesus Cristo lhe deixou? Você está ansioso para recebê-lo? O que você acha que sua herança contém?

_____

_____

_____

2) Receber uma herança é condicional. Alguma vez você já recebeu uma herança, ou você está ciente de ser nomeado em um testamento?

_____

Bridge for Peace Alicerce para a Cura

Ao estudar os convênios do Antigo Testamento, notamos que o sangue era necessário como prova de morte.

3) O que acontece antes que um herdeiro possa receber uma herança?
(Leia Hebreus 9: 16-18.)

_____

_____

Nós herdamos a morte através de Adão. Jesus tomou a nossa pena de morte eterna, como nosso substituto, na cruz. (Leia 1Coríntios 15: 21-22).

4) 1Coríntios 15: 21-22 faz referência à "ressurreição dos mortos" e diz em Cristo que "seremos vivificados". O que você entende estas frases significa? (Ver também Romanos 5: 14-18.)

_____

_____

5) O que diz João 3: 16-17? (Leia João 3: 16-17.)

_____

_____

João 3:16 -17 diz que Deus enviou Seu Filho Jesus Cristo para salvar o mundo. A tradução de "salvar" é fundamental para entender nossa herança. "Salva" em João 3:17 é uma tradução da palavra grega sozo (sode'-zo). Sozo significa salvo e tem outras interpretações também.

Jack Hayford traduz "sozo" para significar salvar, curar, curar, Preservar, manter a segurança e o som, resgatar do perigo e Destruição, entregar, salvar da morte física por cura E da morte espiritual, perdoando o pecado e seu efeito. Traduções adicionais de sozo são dar nova vida, causa Para ter um coração novo, proteja, faça bem, faça inteiro, prosperar.

> **A tradução de "salvar" é fundamental para entender nossa herança.**

Part Um– Lição Três
Herança

Bridge for Peace Alicerce para a Cura

A Bíblia Amplificada diz: "Por que Deus é tão grandemente amado e estimado no mundo que Ele mesmo não é o único Filho unigênito (único), para que todo aquele que crer em (Ele, não confie) Ele não perecerá (Venha para (Rejeitar, condenar, passar sentença sobre) o mundo, mas que o mundo possa encontrar a salvação e ser feito Seguro e sadio por Ele ".

Se você está compartilhando um grupo, compartilhe as várias traduções de João 3: 16-17. Se você está estudando de forma independente, leia e compare outra tradução de João 3: 16-17.

6) Usando sua escolha de tradução, personalize João 3: 16-17. Substitua "o mundo" por seu nome. Escolha outros significados de "sozo" e adicione-os em seu verso personalizado da escritura.

_____

_____

_____

_____

_____

Testifico do poder do sozo no trabalho na minha vida depois de um acidente de carro em 2002. Estávamos atrasados e o carro foi considerado totalizado, semanas antes de nossa missão para a Austrália. Sete pessoas vieram ao hospital no meio da noite para orar por Ed e por mim. Eu tinha dor nas costas muito grave e não podia virar a cabeça. Senti que cada músculo tinha rasgado meu pescoço. Depois da oração, minha dor nas costas baixou e eu pude virar a cabeça!

Tínhamos bilhetes para a Austrália. À medida que o entorpecimento produzido pelo trauma sofria de lesões, incluindo dor intensa. (A dor lombar específica não retornou!) Quando eu orava sobre nossa próxima viagem, o Senhor me deu uma palavra de Ezequiel 3:22. Para fraseando, dizem os versículos, *a mão do Senhor estava sobre mim. Deus disse: saia e eu encontrarei você na planície e eu falarei com você. Então eu me levantei e fui. A glória do Senhor estava ali.*

Ed e eu tínhamos orado por viajar para uma planície no centro da Austrália. Eu senti Deus afirmou nossa viagem através desta escritura, e eu esperava encontrar o Senhor na quietude da planície desértica australiana de uma nova maneira.

Part Um– Lição Três
Herança

Bridge for Peace Alicerce para a Cura

Quando nosso dia de viagem chegou Ed pediu uma cadeira de rodas. O atendente de linha aérea rodou-me em seu clube privado, enquanto esperávamos para bordo. Eu transferi-me da cadeira de rodas e estiquei-me em uma sala de estar de frente para uma fonte central na sala. As tensões normais na agitação de um terminal aéreo recuaram na sala pacífica. O Senhor me tranquilizou. Nós embarcamos para encontrar o deus fornecido três assentos transversalmente no vôo assim que eu poderia deitar durante o passeio!

Enquanto caminhava pelo corredor preparando-me para desembarcar em Sydney, ouvi em meu espírito: "Eu não disse que te encontraria no avião?" Eu ri alto. Certamente, Ele pessoalmente encontrou todas as necessidades. Plana ou plano - o poder sozo de Deus e Sua glória nos cercam!

7) Onde você viu o poder sozo no trabalho, em sua vida?

_____

_____

_____

Jesus Cristo deu aos crentes (aos que creem) uma herança de quatro partes:
1) Salvação
2) Cura
3) Libertação
4) Prosperidade

Quão certo você é de sua herança? Bette, uma amiga querida que foi ao Senhor, exemplificou uma pessoa certa de sua herança no céu e na terra.

Bette amou Jesus. Cada semana ela realizava uma reunião de oração de dia inteiro em sua casa. Uma quarta-feira, em sua reunião de oração, tirou um envelope com o endereço de retorno de um advogado. Um parente tinha morrido e Bette tinha sido dito para esperar uma herança. Ela pediu a todos na reunião para orar que sua herança viria rapidamente. Bette começou a fazer compras. Comprou um anel do diamante da propriedade na letra B, comprou um Cadillac branco, e assinou um contrato de construção para uma adição do sunroom em sua casa! Bette começou a fazer planos para oito de nós do grupo de oração para acompanhá-la em uma peregrinação europeia. Ela pediu-nos para limpar os nossos calendários para determinadas datas, e ela perguntou sobre os preços dos bilhetes, hotéis, etc. Ela pode ter sido um pouco prematura em suas compras.

Passaram-se as semanas e a saudosa carta não chegou. Ela implorou: "Por favor, por favor, reze para que o cheque venha rápido!" Embora ela não tivesse a evidência de seu cheque de herança na mão, Bette acreditou nos advogados. Ela o tinha em boa autoridade e confiava em que o dinheiro viria. As pessoas à sua volta sabiam que ela tinha recebido dinheiro. Ela não fez nenhum segredo de sua herança, e suas compras novas fizeram óbvio que ela tinha recebido dinheiro substancial.

Part Um– Lição Três
Herança

Bridge for Peace Alicerce para a Cura

Da mesma forma, se cremos em Jesus Cristo, nossas vidas são caracterizadas por uma manifestação de nossa herança. Nossa herança não é para o Céu sozinho, mas para impactar nossa geração e gerações futuras. A conversa de Bette e as mudanças de estilo de vida mostraram que ela definitivamente herdara.

8) Como a sua conversa e estilo de vida demonstram sua crença na sua herança através de Jesus Cristo?

_____

_____

João 3: 16-17 nos diz que Jesus veio para nos fornecer uma rica herança de salvação, cura, libertação e prosperidade. Erna pediu aos advogados alemães que explicassem sua herança. Bette perguntou ao advogado que quantia de dinheiro poderia esperar. Pedimos ao nosso Advogado, o Espírito Santo, que nos dê uma revelação mais profunda do significado de nossa herança.

9) Erna e Bette tinham plena confiança em relação às suas heranças. Conheci muitos que esperam que sua herança através de Cristo seja verdadeira, mas não tenho certeza. Você está confiante ou duvidando de sua herança através de Cristo? O que lhe dá confiança? O que causa a dúvida?

_____

_____

10) As estações da vida apresentam necessidades diferentes. Seu Pai preparou uma herança para você atender todas as suas necessidades. O que você precisa hoje? Você pode ver como sua herança em Cristo antecipou sua necessidade?

_____

_____

_____

_____

Bridge for Peace Alicerce para a Cura

Salvação

Receber a redenção pessoal e a revelação do Espírito Santo da salvação é a primeira parte de nossa herança e nos capacita a ser vasos de Deus usado na area da cura. Nossa herança de salvação através de Jesus Cristo é fundamental para o ministério de cura. Jesus Cristo tornou-se nosso substituto, tomou nosso castigo por nosso pecado e nos restaurou ao Pai. Ensinamos a salvação através da cruz durante os cultos de cura divina, o ministério de oração e o ministério de intercessão. Eu recomendo a Ponte para a Paz CD "Portador para a Casa de Deus" para uma analise mais aprofundada da salvação e do ministério de cura.

Quando oro com as pessoas por cura, muitas vezes eu pergunto em um tom casual, "Você sabe onde você está indo quando você morrer, certo?" As pessoas às vezes parecem um pouco surpreendido com a pergunta. Contudo, sentem meu interesse sincero. Por exemplo, eu me lembro do Dr. J.

Uma mulher graciosa, cabelos e olhos castanhos, um especialista, veio orar. O Dr. J me disse que Jesus a abençoara. Ela era uma imigrante e não era fácil ser licenciada em seu campo de especialidade em seu novo país. Ela tinha um longo testemunho da glória de Deus. Ela atribuiu sua posição atual como um especialista no hospital para a providência de Deus.

Ela tinha lido sobre o serviço de cura nos anúncios de sua igreja. A exigente profissão do Dr. J significava longas horas, além de ter um marido e filhos em casa, deixando pouco tempo discricionário. "Eu nunca tenho tempo para assistir a atividades extra da igreja, mas eu sabia que estava vindo hoje. Então um amigo me chamou ontem à noite, sugerindo que eu participar do culto. Eu sabia que Deus estava me lembrando! "

Ela estava enfrentando um problema andando para cima e para baixo passos ou inclina. "É muito embaraçoso no hospital." Ela também teve algum problema com sua garganta. Era hora da oração. Eu perguntei se eu poderia colocar minha mão em seu ombro. Com permissão, coloquei minha mão em seu ombro e perguntei: "Você sabe aonde vai quando morrer, certo?" Instantaneamente, as lágrimas brotaram em seus olhos. Depois de seu testemunho a Jesus Cristo, pode-se esperar que ela soubesse de sua herança de salvação. Achei, entretanto, que ela estava cheia de medo. Falei com ela sobre Jesus Cristo. Oramos juntas, renovando nossos votos a Deus. Ela também recebeu o Batismo do Espírito Santo.

Então eu perguntei ao Dr. J sobre sua garganta. Ela apertou a garganta e descobriu que estava curada. Ela ficou espantada. Caminhamos para o lado do ginásio, arquibancadas alinhadas na parede. Ela começou a caminhar para cima e para baixo, para cima e para baixo das arquibancadas. O Dr. J ficou surpreso. Ela não tinha nenhuma limitação em tudo! Servimos as pessoas quando perguntamos sobre a sua experiência de salvação.

11) Você está confiante de sua salvação em Jesus Cristo?

_____

_____

Bridge for Peace Alicerce para a Cura

Se você não tiver certeza sobre onde você está indo após a morte, onde passara a eternidade, entre em contato www.bridgeforpeace.org. Gostaríamos de falar com você.

Como ministros de cura, podemos ter oportunidade de ministrar aos que sofrem. Deus nos usou de muitas maneiras nesta conjuntura crítica. Temos visto alguns se levantar e serem curados para confundir a junta médica. No entanto, sabemos que todos morrerão algum dia se o Senhor ainda não retornou. A morte pode ser um tempo de luta. Satanás freqüentemente atormenta pessoas que estão morrendo, tentando-as com medo e dúvida. Às vezes, os filhos de Deus, que invocaram o Nome de Jesus ao longo de suas vidas, esquecem a aliança quando a morte se aproxima. Nós ministramos a verdade da cruz de Jesus Cristo e lembrá-los de sua herança.

Meu amigo Yetta, que tinha mais ou menos um metro e meio de altura e mais de oitenta anos de idade, freqüentemente me pediu: "Segure a corda, querida. Segure a corda! "Seu aviso me lembrou a expressão" Jesus é nossa âncora por trás do véu ". Na linguagem cristã, uma âncora simboliza a esperança. Depois da morte, meus olhos serão abertos e eu verei por trás do "véu". Agora, também sou espiritualmente "míope". Em momentos de iluminação espiritual, eu vislumbro quando o véu parece um fio. Em outras vezes, eu não posso nem ver o véu! O que está além da morte é imperfeitamente visto, mas eu sei que Jesus foi antes de mim além do véu. Ele é minha âncora, minha esperança, tendo passado pela morte para uma nova vida. Através da ressurreição de Cristo, temos uma esperança real.

Eu acho a imagem de âncora útil quando orando com aqueles que estão prestes a morrer. Também encontro Deus muitas vezes me dá vislumbres preciosos do céu para compartilhar quando ministrar aos moribundos. Eu simplesmente relaciono o que vejo. Descrever como vejo Jesus como nossa âncora por trás do véu traz grande conforto. Eu vejo Jesus já lá e como eu segure na corda tríplice o coado de três dobras, do Pai, Filho e Espírito Santo Eu chegarei no céu, o lugar invisível, onde eu verei Jesus face a face.

12) Como você explicaria Jesus como sua âncora por trás do véu?
(Leia Hebreus 6: 19-20.)

_____

_____

_____

Ed e eu ministramos a um homem com mais ou menos oitenta anos, em seu leito de morte do hospital. Ele amava o Senhor. Sua esposa disse que ele sempre tinha medo de morrer e estava demorando. Estava inconsciente. Suas mãos estavam inchadas por causa do soro nas veias. Ele estava conectado a muitos tubos e estava sofrendo. Estava inquieto. Ed e eu chegamos para orar por ele. A família saiu do quarto. Lembramos-lhe da aliança de amor de Jesus Cristo. O véu tinha sido rasgada para ele. Lembramos-lhe que Jesus tinha ido antes dele como sua âncora atrás do véu, ja não havia separação.

Bridge for Peace Alicerce para a Cura

Saímos do quarto do hospital e falamos com a familia no corredor. A esposa foi para o visitar o esposo enfermo. Ela voltou para o corredor e perguntou: "O que você disse para ele? Ele está em paz agora. "Ele descansou no Senhor, Deus o chamou naquela mesma noite"

Eu ministrei a uma mulher que estava a semanas em seu leito de morte. A família disse que ela não tinha paz. Lembrei-lhe da aliança que Deus tinha feito com ela quando deu sua vida a Jesus. Lembrei-a de sua herança. Ela descansou no Senhor, Deus a recebeu saque mesma noite.

Outra mulher a quem ministrava estava em grande dor em seu leito de morte. Depois de lembrá-la do Sangue de Jesus, o Deus amoroso que ela tinha servido, o Deus com quem ela se reuniria no céu, seu corpo e seu semblante tranquilo ela descansou e foi naquele dia para encontrar seu Salvador.

Talvez essas testemunhas lhe tenham lembrado de um testemunho de sua própria vida.

13) Registre seu testemunho aqui.

_____

_____

_____

_____

Estes testemunhos demonstram a importância de falar às pessoas sobre a Nova Aliança, o Sangue de Jesus e sua herança ao orar pelos enfermos e ministrar aos aflitos.

CURA

O conhecimento bíblico de nossa herança nos capacita a liberar o poder do Espírito Santo para a cura. Aumentar a compreensão da Palavra de Deus e no conhecimento de nossa herança de cura nos ajuda a crescer mais eficaz no ministério de oração.

Muitos dos seguintes testemunhos são cartas de amigos doloso ministério, a publicação Bridge for Peace. Se você gostaria de receber mais detalhes do ministério entre em contato conosco mande um email para bridgeforpeace@optonline.net.

Terry queixou-se de dor no nível sete em uma escala de um a dez-dez sendo o pior. Tinha dor artrítica nas costas. A equipe orou com ela e sua dor baixou para um três. Então, depois de mais oração, ela declarou que suas dores nas costas e no joelho estavam completamente desaparecidas.

Bridge for Peace Alicerce para a Cura

Alex disse que ele estava em uma festa e estava brigando com seus amigos adolescentes. Eles eram mais velhos e maiores que ele e ele pegou o pior. Depois, ele teve terríveis dores no pulso cada vez que o movia. Algumas semanas se passaram e ainda doía. Ele estava preocupado porque ele joga em um time de beisebol. Sua mãe rezou por ele e ele ficou um pouco melhor, mas ainda doía muito. Finalmente, seus pais disseram que ele não teria permissão para jogar beisebol ou ir para o acampamento de beisebol se a dor não parasse. Ele veio para um serviço da Bridge for Peace e seu pulso foi curado. Ele teve um jogo de beisebol no dia seguinte e seu pulso estava bem e tem sido ótimo desde então. Ele louva a Jesus Cristo.

Claire tinha nódulos em sua tireóide. Enquanto Ed orava por ela, sentiu que os nódulos se encolheram. Claire trouxe Kate, sua filha de dois anos e meio. Kate sentou-se no colo de sua mãe e escutou enquanto Ed orava calmando a Deus a cura pelo poder do Sangue de Jesus. Mais tarde, Claire mencionou que Kate tinha estado acordada a maior parte da noite por causa da dor de dente. Ed pediu permissão a Kate para tocar seu rosto. Ela aceitou timidamente. Ed orou para que Kate ficasse livre da dor de dente em nome de Jesus através do poder do Sangue do Cordeiro Imolado na cruz. Depois eles foram para casa, Kate disse que a dor de dente tinha desaparecido. Ela perguntou à mãe: "Quem foi aquele médico que tocou meu rosto e fez a dor desaparecer?" Claire explicou que Ed não era um médico, mas um homem que amava muito ao Senhor Jesus.

Vimos o câncer curado, os tumores desapareceram, os aleijados caminharam, os cegos viram, os surdos ouviram e os mudos falaram como resultado do poder do Sangue de Jesus e da herança que Ele nos deu.

14) Deus age maravilhosamente por meio daqueles que O servem. Escreva seu testemunho pessoal de uma cura que você testemunhou ou recebeu.

_____

_____

_____

_____

_____

_____

_____

_____

Bridge for Peace Alicerce para a Cura

LIBERTAÇÃO

É nossa responsabilidade orar por libertação e cura. Ed e eu assistimos a uma conferência sobre a guerra espiritual na década de 1990. O conhecido ministro da cura, Francis MacNutt, foi o orador principal. Ele implorou: "Por favor, entre no ministério da libertação. As pessoas estão morrendo lá fora.

Liberdade de temores e vícios vem através do poder do Sangue de Jesus. Ministre a Aliança de Sangue de Jesus Cristo, a vida eterna através dEle e a certeza de ser criado para o expresso e glorioso propósito de Deus para os desesperados, deprimidos, e aqueles atormentados por pensamentos suicidas. No momento em que escrevo, nos Estados Unidos, a segunda causa principal de morte em adolescentes é o suicídio. Aqueles que sofrem de doença mental precisam de ajuda médica e psicológica. Como cristãos, devemos fazer o nosso trabalho de orar por libertação para aqueles em tormento mental.

Muitas pessoas estão envolvidas em atividades ocultas. Estes incluem horóscopos, leitura de palma, astrologia, adivinhadores, numerologia, bruxarias e adoração satânica. Algumas são vítimas de abuso ritual satânico. Em Long Island, New York, existem áreas onde os animais são mutilados usados no culto satânico são encontrados em uma base regular. Há igrejas listadas na internet nos Estados Unidos para adoração satânica. O Espírito Santo opera através de nós para libertar libertação através do poderoso Sangue de Jesus Cristo.

Ponte para a Paz visitou uma igreja na Austrália. Maya, uma senhora severamente deprimida, começou a receber sua cura interior enquanto eu falava sobre o que Jesus fez por nós na cruz. No momento em que desci do santuário, ela correu para o corredor até mim e disse: "Eu não me lembrava do poder do Sangue de Jesus." Ela estava sofrendo com depressão severa por vários anos. Maya sofreu uma transformação quando ouviu novamente o que Jesus tinha feito por ela na cruz. Vários anos depois, eu a encontrei novamente. Ela foi curada e agora ela se recorda do poder do Sangue de Jesus.

Oramos por uma mulher que estava envolvida na bruxaria. Seus olhos pareciam vidrados. Ela estava agarrada com o medo de nunca ser libertada da influencia satânica e dos seguidores de satanás. Os ministros cristãos haviam dito que ela "não ia conseguir". Eu discordei, dizendo: "Tudo o que Jesus Cristo disse na Bíblia diz que você" fará isso ". Eu orei por ela. Eu vi seus olhos claros depois de algum tempo. Ela testemunhou que Jesus Cristo a livrou do poder demoníaco.

Bridge for Peace Uganda orou pela libertação de um menino que havia sido seqüestrado e forçado a servir no exército rebelde. Muito poucas dessas crianças são restauradas às suas famílias. Certa noite, durante uma conferência da Bridge for Peace, foi anunciado que o menino escapou e voltou para casa. Sua mãe gritou e desmaiou. Outras mulheres que se juntaram a ela em oração soltaram um grito de vitória.

Bridge for Peace Alicerce para a Cura

No Brasil, uma mulher ouviu falar do ministério da Ponte para a Paz e nos esperou no aeroporto quando estávamos saindo do país. Ela estava com uma tremenda dor. Ela disse que as pessoas envolvidas na feitiçaria tinham cortado a cabeça de um porco e usado o sangue para colocar uma maldição sobre ela. Enquanto orávamos por ela no aeroporto, com a cabeça torcida, os ossos do pescoço fizeram um som como um estralo. O espírito disse: "Eu vou quebrar seu pescoço." Nós repreendemos o espírito. Ela foi livre daquela perseguição demoníaca pelo poder do Sangue de Jesus Cristo através da oração em equipe.

15) Essas testemunhas lembraram-no de um testemunho de libertação de sua própria vida? Registre seu testemunho aqui.

_____

_____

_____

_____

PROVISÃO

Quando conhecemos nossa herança, oramos com confiança crendo na provisão. Deus apoia Sua Palavra com poder.

As equipes da Ponte para a Paz oraram por uma mulher que havia perdido seu emprego e, posteriormente, sentiu depressão. Ela sentiu a alegria do Senhor depois da oração. Ela voltou na semana seguinte para testemunhar que sua empresa telefonou para ela e lhe ofereceu um emprego com um aumento salarial.

As equipes da Ponte para a Paz rezaram por T, um homem que era o segundo no comando de uma empresa que empregava centenas e cuidava de crianças. Foram descobertas práticas fraudulentas. O paradeiro do CEO não pôde ser descoberto. T sabia que ele seria responsabilizado pelos investigadores federais. Ponte para a Paz orou por T. Ele foi exonerado ea empresa foi colocada em liberdade condicional de seis meses antes de seu contrato seria retomado. T e sua esposa chamaram o escritório da Ponte para a Paz para testemunhar o poder de Deus. Eles disseram que era milagroso!

As equipes da Ponte para a Paz visitaram dúzias de países. Ed e eu temos inúmeras histórias de como Deus Milagrosamente providenciado para essas viagens. Desde o menor detalhada para a maior necessidade, Deus Através de nossa herança em Jesus Cristo.

> **Isaías 53: 4-5 nos diz Jesus é nosso Ponte para a Paz.**

Bridge for Peace Alicerce para a Cura

16) Registre aqui um testemunho de provisão.

_____

_____

_____

HERANÇA DA ESCRITURA

Jesus freqüentemente citava as escrituras quando Ele ensinava (Mateus 12:40), quando Ele corrigia as pessoas (Mateus 15: 8), ou quando Ele batalhava com satanás (Mateus 4: 4). Quando você orar por pessoas, inclua as escrituras, como o Espírito Santo traz versos à mente. A Bíblia está cheia de promessas de nossa herança, salvação, cura, libertação e provisão.

Isaías 53: 4-5 freqüentemente vem à minha mente quando estou orando por alguém. Isaías profetiza a vinda de Jesus, a correção para a nossa paz. Vivemos o cumprimento da profecia. Para mim, os versículos dizem que Jesus é nossa Ponte para a Paz. Curas maravilhosas começam quando as pessoas ouvem a verdade expressa em Isaías 53 e começam a perceber quais sejam suas circunstâncias, Jesus é a resposta, a cura, a correção para sua paz.

Existe uma escritura sobre herança, salvação, cura, libertação ou provisão que vem à sua mente? Talvez você tenha uma longa história com uma passagem bíblica em particular. Talvez o Espírito Santo esteja atraindo você para algo novo. Medite nele e deixe que ele encha seu espírito. Deus pode levá-lo a usar o versículo em oração como também usas as suas próprias palavras. A Palavra viva de Deus penetra no coração e tem o poder de curar. Deixe a Palavra viver em você. Não se trata de citar as escrituras palavra por palavra. A questão é se a Palavra está ou não viva em você.

17) Selecione um versículo das escrituras sobre a herança ou um dos quatro aspectos da herança que discutimos. Como você pode orar esta escritura com uma pessoa em necessidade?

_____

_____

_____

Bridge for Peace Alicerce para a Cura

NOTAS

Bridge for Peace Alicerce para a Cura

PARTE UM

LIÇÃO QUATRO

POR QUE JESUS MORREU POR NÓS?

Esta lição explora a pergunta "Por que Jesus morreu por nós?" Nós examinamos o "Porquê?" Com particular atenção ao ministério de cura. Jesus morreu para nos libertar do pecado do passado através do perdão e para garantir a nossa vida eterna com Deus para sempre no céu após a morte. Nós trocamos uma eternidade no inferno para a eternidade no céu através de Jesus Cristo. Deus estabeleceu uma aliança através da cruz, mas a ação é necessária em nosso favor. Se convivemos com Cristo, para sermos fiéis à aliança, nossas vidas devem demonstrar o poder da "Mudança de Vida". Ele equipa os cristãos através da transformação - Ele deu Sua vida por nós, e nós entregamos nossa vida a Ele. A morte de Cristo nos capacita a participar do evento de Sua Segunda Vinda. A Nova Aliança exige mudança de vida e que nos preparemos para o retorno triunfal de Cristo. Depois de concluir este estudo, encorajo-vos a continuar a fazer a mesma pergunta, "Porquê?" As respostas te levaram de gloria em gloria. e a pergunta é "Porque Jesus Morreu Por Nós"

João 3:16 dá uma resposta a "Por quê?" Amor. Deus tanto amou o mundo. O Pai, Filho e Espírito Santo te amam. A saída do amor é desejar a intimidade. A cruz de Jesus Cristo fez a ponte entre Deus e o homem, restaurando a possibilidade de uma relação íntima, satisfazendo os anseios de Deus e do homem.

Jesus Cristo morreu para garantir nossa salvação através do perdão dos pecados (Hebreus 9:12). O Sangue de Jesus nos purifica de todo pecado (1João 1: 7). Deus oferece salvação a todos os que abraçam a Jesus Cristo como Senhor e se arrependem dos pecados passados. Deus muda nossos corações. Nós renascemos através do Sangue de Jesus como filhos de Deus, herdeiros de uma nova herança. Desejamos aderir à Palavra de Deus. Nossos pensamentos e comportamento refletem a transformação.

Jesus deu Sua vida para que pudéssemos ter nova vida. As escrituras seguintes descrevem nossa nova vida através de Jesus.
   João 8:36 diz que a nova vida será uma vida libertada, liberta do pecado.
   João 10:10 diz que a nova vida será plena, vida abundante.
   João 15:11 diz que nova vida será vida de verdadeira alegria.
   João 16:33 diz que a nova vida dará paz interior, apesar dos tempos de turbulência exterior.

1) Sua vida é caracterizada pela liberdade, abundância, alegria e paz como prometido no evangelho de João? Explique sua resposta.

_____

_____

Bridge for Peace Alicerce para a Cura

Deus promete liberdade, abundância, alegria e paz em nossa nova vida. Quando eu digo "Jesus é o Senhor" (Atos 2:36) Eu falo de uma perspectiva pessoal. Cristo vive em nós. Eu abomino qualquer influencia satânica sobre minha vida, exerço o meu direito de escolher Jesus Cristo. Escolher Jesus Cristo significa pedir-Lhe que seja Senhor da minha vida.

Alguns nunca recebem as promessas de Deus por duas razões. Primeiro, o falsa crença de que, embora eu diga que Jesus é o Senhor, ainda posso fazer minhas próprias escolhas da vida. Segundo, proclamar Jesus Cristo como Senhor, mas não se deixam ser transformado.

Salvação é o vida trocada, Cristo vivo em nós

Proclamar que Jesus é o Senhor significa que entreguei minha vida a Deus. É uma perigosa ilusão sentir-se como independentes en nossos corações, temos que reconhecer que somos dependentes de Deus, glorificar o nome Dele, também é perigoso crer que teremos tudo exatamente como desejamos, temos que reconhecer o Senhorio de Jesus e os planos dele para nossa vida. Receber a Cristo significa reconhecer total dependência da Trindade. Não necessitamos esforçamos mais para controlar nosso destino, porque sabemos que Deus nos leva a cumprir o propósito Dele em nossa vida. Nós morremos para a nossa velha vida e nascemos denovo. Quando recebemos Jesus como Senhor, podemos dizer com Paulo que fomos crucificados com Cristo e não vivemos mais, mas Cristo vive em nós (Gálatas 2:20).

2) O que significa a frase "crucificado com Cristo" para você?

_____

_____

Muitos conhecem o Nome de Jesus, mas ainda vivem sob a Antiga Aliança. Na Antiga Aliança o povo tentava viver de acordo com a lei, para manter as regras. Geração após geração falhou. A lei provou que não tínhamos poder para mantê-la. O apóstolo Paulo nos ensina como a Lei lhe mostrou sua necessidade de Jesus Cristo (Romanos 7).

Paulo confrontou seus contemporâneos. Ele exortou-os a considerar as implicações da Nova Aliança e a montar a onda de graça libertada pelo poder da cruz. Paulo foi perseguido, mas ele persistiu. (Leia Colossenses 2: 13-14.)

3) Você já experimentou pressão para parecer "cristão" e se conformar a um padrão externo?

_____

4) Você encontrou padrões externos "cristãos" para dar vida - oferecendo-lhe mais alegria, paz, liberdade interior, uma sensação de abundância?

_____

A Graça de Deus por meio do sacrifico de Jesus Cristo é o único caminho para a vitória sobre o pecado.

Bridge for Peace Alicerce para a Cura

5) Você já lutou para superar o pecado repetitivo "Lutando contra um ciclo vicioso"? Qual foi a sua experiência?

_____

6) Como você diferenciaria entre a lei de Deus escrita em seu coração e se esforçando para viver de acordo com um padrão externo?

_____

_____

_____

Precisamos da Nova Aliança. A Nova Aliança é mais do que o lábio de serviço de chamar Jesus Senhor. Salvação é a vida trocada, Cristo vivo em nós. A voz de Deus ganha vida dentro, guiando, advertindo, amando e contradizendo a voz do juízo, auto-condenação e acusação. A voz de Deus desmantela mentiras que distorcem a nossa auto-imagem e suavemente, insistentemente nos encoraja rumo à vida abundante.

Ouvimos vozes conflitantes em nossas mentes. O Espírito Santo sussurra a verdade. Satanás nos pressiona e nos intimida para influenciar nossas escolhas. Memórias de êxitos estimulantes e fracassos dolorosos nos treinam a seguir padrões de comportamento estabelecidos.

7) Quando você arriscou mudar em resposta à voz de Deus em sua vida? Qual foi o resultado?

> **A voz de Deus desmantela mentiras que distorcem a nossa auto-imagem e suavemente, insistentemente nos encoraja rumo à vida abundante.**

_____

_____

_____

Jesus veio nos purificar do pecado, lavando-nos em Seu sangue. Nosso Deus justo exigiu a expiação pelo nosso pecado, um pré-requisito para a reconciliação. Por que Jesus morreu por nós? Nós legitimamente dizemos: "Jesus morreu por nossos pecados". Nós corretamente dizemos: "Jesus morreu para assegurar nosso lugar no céu com Ele". Devemos insistir mais na questão. Se nossa compreensão parar aqui, nunca viveremos a vida vitoriosa que Deus planejou para nós.

Bridge for Peace Alicerce para a Cura

Salvação, perdão de pecados, novo nascimento nos torna filhos de Deus. Segure essa verdade, viva essa verdade. Jesus veio para nos purificar de nossos pecados, lavando-nos com Seu Sangue precioso. Ele não veio apresentar nosso pecado a Deus. Jesus morreu na cruz para nos apresentar, para apresentar nossas vidas, como um presente especial para Seu Pai. Ele comprou para nós a vida eterna no céu e possui nossa vida presente na Terra.

Só poderíamos ser restaurados a Deus através do sacrifício de sangue de Jesus na cruz.
Jesus tornou-se nosso sacrifício de sangue. Reconhecendo o poder de Jesus para salvar, pedimos que Ele se torne nosso Salvador e Senhor. Aceitando a nova Aliança por meio do sacrifício de Jesus na cruz, vivemos uma via transformada, reconhecendo que Ele deu Sua vida por nós, e nos entregamos nossas vidas a ele.
Se recusarmos a dar a Ele nossas vidas, então perdemos os dons sobrenaturais da liberdade, abundância, alegria e paz.

> **Jesus morreu na cruz para nos apresentar, para apresentar nossas vidas, como um presente especial para Seu Pai.**

Através da morte de Jesus Cristo, somos restaurados ao Pai. A restauração significa que somos reintegrados como filhos e filhas de Deus, embora ainda vivamos no mundo caído. Deus começa a revelar-se a nós, levando-nos a um amor mais profundo por Ele e uma adoração mais verdadeira a Ele. Em obediência a Cristo, nossos corações sussurram as palavras do Filho: "Eis aqui venho, para fazer, ó Deus, a tua vontade..." (Hebreus 10: 9).

8) De que maneiras você notou sua submissão à vontade de Deus crescendo em sua vida?

_____

_____

_____

9) Onde você encontra sua vontade em conflito com a escolha de Deus para você?

_____

_____

1João 3:16 e 22 dizem que vamos progressivamente reconhecer, perceber e compreender o amor essencial de Deus exposto na cruz. Quando isso ocorre, crescemos para servir como Ele nos serviu. O chamado de Deus para a Ponte para a Paz é a cura para as nações. Nós adoramos e servimos a Deus e aos outros através da imposição de mãos para curar os enfermos, encorajamento dos desencorajados e dar liberdade aos oprimidos. Jesus tem o ministério de cura, nos temos um ministério de servo.

Bridge for Peace Alicerce para a Cura

Por que Jesus morreu por nós? Fomos tocados e recebemos uma transformação de vida crucial para a salvação, recebemos as promessas de Deus e vemos essas promessas se cumprindo em nossas vidas a cura vem pelo poder do sangue de Jesus derramado na cuz.

Vários tipos de cura caracterizam o ministério de Jesus Cristo. As pessoas receberam cura interior, cura de feridas emocionais (João 4: 17-29). Curas físicas de olhos, ouvidos, ossos, etc. essas curas tipificavam Seu ministério. Jesus também curou estabelecendo o direito de subsistência - os pescadores tornaram-se pregadores, leprosos e endemoniado foram restaurados para a sociedade. Enganadores e abusadores de autoridade se arrependeram e se voltaram para o meio de vida correto. Jesus curou restaurando a dignidade ao trabalho e através dele, conforme demonstrado na vida de Zaqueu e seus discípulos (Lucas 19: 1-9, Lucas 10: 7). A profissão de Zaqueu foi desprezada, porque os cobradores de impostos eram conhecidos por serem inescrupulosos. Quando Jesus chamou Zaqueu, ele se arrependeu e determinou a conduzir sua obra com honra. Como um empregado de confiança, ele glorificou a Deus: estimar a si mesmo e seu escritório como cobrador de impostos. Há uma tremenda necessidade de cura no local de trabalho.

Jesus Cristo continua seu ministério de cura através de nós quando vivemos a vida trocada. Sua morte tornou possível enviar cristãos (Somos o corpo de Cristo) para o mundo para curar e libertar cativos em Seu nome. Jesus disse que aqueles que crêem Nele fariam obras ainda maiores "porque eu vou ao Pai." (João 14:12) Jesus morreu por nós para que fizéssemos as obras maiores, glorificando-Lhe e Seu Pai que esta no céu.

10) De que maneira Deus continua Seu ministério de cura através de você?

_____

_____

Vocês alcançam a outros através e para Cristo quando vocês servem no ministério de cura. Jesus nos disse para esperar maiores obras através do Corpo de Cristo por causa de Sua morte.

Jesus também morreu por nós para nos enviar o Espírito Santo. Jesus diz em João 16: 7 que Sua morte era a nosso favor, porque Ele nos enviaria o Espírito Santo.

11) Se você deu sua vida a Cristo, então você pode concordar com as palavras de Paulo em Gálatas 2:20. Escreva a escritura aqui inserindo seu próprio nome.

_____

_____

Jesus morreu por nós, substituiu Sua morte pela nossa pena de morte, para nos dar a vida eterna. Algumas pessoas acreditam que devemos sofrer na Terra até recebermos nossa recompensa no céu. Este estudo mostra que Jesus morreu para que pudéssemos viver para Ele e impactar nossa geração para Ele.

Alicerce para a Cura

Parte Dois

Lição Um: Autoridade I
Lição Dois: Autoridade II
Lição Três: Capacitados pelo Espirito Santo
Lição Quatro: A Oração da Aliança do Sangue

PARTE DOIS

LIÇÃO UM

AUTORIDADE I

Temos autoridade porque estamos sob autoridade. Nós estudamos nossa autoridade dada por Deus sabendo que nosso direito de agir em Nome de Jesus será testado. A autoridade de Jesus Cristo foi desafiada. "Por cuja autoridade você ..." (Mateus 21:23). Ele restaurou a visão, audição e mobilidade das pessoas. Cristo era transparente em relação a Suas crenças, genuíno em Seu amor, brilhante em Seu ensinamento, e ainda as pessoas resmungaram perguntando, essencialmente: "Quem lhe deu o direito? Quem Ele pensa que Ele é? "Jesus demonstrou em palavras e ações que Ele claramente entendia a autoridade. Devemos crescer para entender nossa autoridade dada por Cristo para ter sucesso em nosso propósito de vida e dar glória a Cristo ao servirmos no ministério de cura.

A AUTORIDADE do NOME de JESUS

Nós agendamos uma caminhada de oração da Ponte para a Paz na sede das Nações Unidas. Uma funcionaria Nações Unidas ouviu falar dos nossos planos e pediu a Ed que a contactasse. Ela disse a ele, "Use meu nome."

Quando a equipe da Ponte pela Paz chegou à ONU, Ed a chamou no telefone interno da recepção. Ela autorizou um guarda de segurança para nos levar a áreas restritas que não teriam acesso se não tivéssemos sido capazes de "usar" o seu nome. De maneira semelhante, o Nome de Jesus abre portas para nós. Jesus Cristo nos dá entrada no céu. Sem Seu Nome não há salvação. Jesus nos deu Seu Nome em um acordo de pacto uma aliança legal. Ele nos deu Seu Nome, a autoridade para agir em Seu nome, como em uma procuração.

Quando Ed e eu fomos em missão às Filipinas, o Departamento de Estado emitiu um alerta alto para duas áreas em nosso itinerário. Nós capacitamos meu irmão Kevin para agir em nosso nome no evento que nosso retorno aos EU foi adiado. Através de um documento legal chamado de procuração, autorizamos totalmente Kevin a nos representar em quaisquer preocupações legais que possam ocorrer em nossa ausência. Confiamos em Kevin completamente por causa do nosso relacionamento. O relacionamento é a chave para confiar. Acreditávamos que Kevin conhecia nossa mentalidade e exerceria autoridade para implementar nossos desejos ao máximo de sua capacidade em qualquer circunstância por causa de nosso relacionamento.

Como representantes autorizados de Cristo, conhecemos a vontade de Deus através da oração, do estudo da Bíblia e de outras formas em que Deus fala conosco. À medida que a vontade de Deus é revelada, agimos em conformidade. O Espírito nos ajuda a crescer em conhecimento e compreensão da Palavra de Deus e da aliança. Através da graça, reforçamos a autoridade do Nome de Jesus.

Bridge for Peace Alicerce para a Cura

Aqueles que estudam em grupo, compare traduções de Filipenses 2: 8 em sua reunião. Se você está fazendo um estudo independente, procure outra tradução de Filipenses 2: 8.

1) O que vc entende? Filipenses 2: 8-11.

_____

_____

_____

2) A Escritura diz que o Nome de Jesus está acima de todo nome. O que isso significa para você?

_____

_____

Os seguidores de Deus estão autorizados a usar o Nome de Jesus. Com o privilégio vem a responsabilidade. Para nos ajudar a entender nossa posição no Reino de Deus, Paulo usa uma metáfora que compara nosso trabalho com a posição estimada de um embaixador do governo. Quando usamos o Nome de Jesus Cristo, exercemos o poder e a autoridade de Deus como embaixadores de Cristo. (Leia 2Coríntios 5:20).

3) Aceitando a descrição de Paulo de um cristão como embaixador de Cristo, como você define sua responsabilidade?

_____

_____

_____

4) Anote uma ocasião em que atuou como embaixador Para Cristo ou uma situação presente onde você sente um Oportunidade de agir como embaixador de Deus.

_____

_____

> **Nós precisamos: "Confiança de Deus", não autoconfiança.**

Pessoas em cargos governamentais e religiosos com autoridade tentaram intimidar Jesus em muitas ocasiões. Jesus nunca evitou o confronto. Confiante em Sua autoridade, Jesus comanda o "Exercito de Deus" ao lidar com o conflito de todos os níveis da sociedade. Precisamos de "dessa segurança Divina", não de autoconfiança. A segurança de Divina nos leva a manter nosso ponto de vista quando somos desafiados. Deus nos assegura que Ele nos dá Sua autoridade através das escrituras.

Bridge for Peace Alicerce para a Cura

5) O que Jesus diz sobre autoridade? (Leia Mateus 28: 18-20).

6) Que tipo de autoridade e imunidade diplomática Jesus deu a seus seguidores?
(Leia Lucas 10:19, Marcos 16: 17-18.)

Os fariseus, uma seita religiosa, ameaçaram Jesus e tentaram intimidá-lo com a autoridade de Herodes. Herodes era o governador da província. Ele tinha assassinado João Batista e tinha o poder de executar Jesus. Jesus advertiu Seus discípulos para se protegerem do poder da intimidação e da insinuação. Ele advertiu-os a rejeitar a hipocrisia religiosa e governamental (Lucas 12: 1).

Em Lucas 13:31, encontramos os fariseus praticando a hipocrisia que Jesus advertiu. Enquanto aparentavam adverti-Lo sobre Herodes, eles estavam realmente ameaçando-O. Eles desprezaram a Jesus e o desejaram morto.

Jesus responde com autoridade, provando Sua segurança de Deus.

7) O que Jesus diz sobre Si mesmo quando ameaçado de morte?
(Leia Lucas 13: 31-33.)

Jesus nos mostra como permanecer firmes. Ele sabe o que Ele veio fazer e sabe que Ele tem autoridade para realizá-la.

Jesus deu pessoalmente aos apóstolos sua autoridade. Paulo nunca teve o privilégio de encontrar Jesus quando Ele andou sobre a terra. Temos isso em comum com ele. Contudo, Paulo conhecia sua competência em Cristo. Paulo respirava a segurança de Deus. Que encorajador para nós. Podemos ser como Paulo, certos da nossa autoridade dada por Deus

Bridge for Peace Alicerce para a Cura

8) Como podemos ter certeza de nossa eficácia para Cristo? (Leia 2Coríntios 3: 4-6.)

_____

_____

9) Como você avaliaria sua garantia de Deus hoje?

_____

_____

10) Como você pode nutrir o crescimento da segurança de Deus? Considere suas responsabilidades diárias antes de responder. Se você tiver em mente suas obrigações, esta resposta pode ser valiosa para ajudá-lo a desenvolver um plano pessoal para promover o crescimento espiritual.

_____

_____

Jesus diz que Ele vai curar as pessoas e expulsar os demônios hoje e amanhã (Lucas 13: 32-33). Jesus Cristo continua Sua obra através de nós. Ore em Seu Nome, autorizado, comissionado e capacitado para impor as mãos às pessoas para cura e libertação. Implemente o trabalho acabado de Deus na cruz hoje. A resposta de Jesus Cristo aos fariseus prefigura Sua ressurreição. Até que Jesus Cristo volte, nós tomamos autoridade sobre a doença e os demônios em Seu Nome.

11) O que os seguidores de Jesus dizem sobre demônios? (Leia Lucas 10:17.)

_____

_____

AUTORIDADE PARA LIBERTAR AOS CATIVOS

A possessão demoníaca ocorreu nos tempos bíblicos e ainda acontece hoje. De acordo com Jesus Cristo, expulsar demônios é parte de nossa comissão cristã. Podemos ter um trabalho 9-5 em um escritório, mas também temos o trabalho de expulsar demônios como embaixadores de Cristo, reforçando a autoridade do Nome de Jesus. Jesus qualifica aqueles que Ele autoriza.

Na Austrália, orei com uma jovem que chamarei de Margaret, que estava acompanhada de sua irmã Anna. Anna disse que Margaret foi afligida por muitos anos por demônios. Ela seria jogada ao chão de repente, enquanto entrava no ônibus ou andando pela rua. Sua irmã disse: "Se Margaret tentar ler a Bíblia os demônios a jogam ao redor."
Perguntei a Margaret: "Você quer ser libertada?"

"Sim."

Bridge for Peace Alicerce para a Cura

Anna disse: "Ja oraram por ela antes. Você quer saber os nomes dos demônios? "

- Não - respondi. "O único nome que eu preciso saber é Jesus Cristo. Margaret, ore depois de mim. "Pai, eu venho a ti em nome de Jesus." O ministério de cura é a confiança no Espírito Santo, não uma fórmula. Ao expulsar um espírito, Jesus pediu para dar seu nome. (Leia Marcos 5: 9.) *Muitas* vezes, Jesus não pediu o nome do espírito. Não é necessário pedir o nome do espírito demoníaco, é necessário confiar no Espírito Santo sobre como proceder. No caso de Margaret, como na maioria dos casos, eu não me sentia levado a perguntar o nome do espírito.

Quando Margaret orou, "o Nome de Jesus", atormentando espíritos jogou-a para baixo e ela caiu violentamente no chão. Eu me agachei no chão e orei, repetindo "Em Nome de Jesus" até que ela pudesse orar: "Em Nome de Jesus". Finalmente, ela se sentou. Continuamos a orar e chegamos à frase "Eu sou purificado pelo Sangue de Jesus Cristo". Mais uma vez, Margarida foi jogada no chão. Ela rolou e espirrou enquanto eu repetia: "Eu sou purificado pelo Sangue de Jesus Cristo".

Tendo estudado a Aliança de Sangue na Parte Um, temos alguma compreensão de purificação através do Sangue. Satanás não quer que falemos em nome de Jesus ou falemos sobre o Sangue purificador. Os demônios reconhecem a autoridade no Nome de Jesus Cristo. Eles reconhecem o poder de advogado dos crentes e não querem que exerçamos o poder do Nome de Jesus Cristo.

As pessoas haviam se reunido para assistir à manifestação. Eu queria que as pessoas a se concentrarem em Deus e não na manifestação demoníaca. Os demônios querem tirar nossa atenção de Deus. Encorajo as pessoas a permanecer em seus assentos e continuar a orar por tudo o que Deus está fazendo no serviço. No entanto, meu trabalho é orar para que o cativo seja liberto. Se as pessoas que foram instruídas a orar correm para a frente para assistir o que está acontecendo, eu as ignoro e persisto na oração para aquele que precisa.

O Sangue de Jesus libertou Margaret após um período de resistência demoníaca. O grupo testemunhou a libertação para a glória de Deus!

Margaret e eu nos sentamos no chão. Recordando o que Anna tinha dito sobre os demônios impedindo Margaret de ler a Bíblia, entreguei-lhe as escrituras e pedi-lhe para ler. As pessoas se sentaram, cercando-a. Ela leu o evangelho de João, sua voz suave e infantil: "... você será inabalável e seguro, profundamente em paz".

A mídia tem promovido o reino das trevas, produzindo filmes de terror e programas de televisão. Jesus e Seus discípulos lidavam com demônios como uma questão de fato, não ficção. Se você é um discípulo de Jesus, Deus lhe deu autoridade sobre demônios.

12) Como você se sente sobre o ministério da libertação?

_____

_____

Bridge for Peace Alicerce para a Cura

AUTORIDADE PARA CURAR

Enquanto visitava um escritório de uma igreja, Ed conheceu Alice, a secretária principal. Ela tinha um problema nos tendões, estava em constante dor, e não podia levantar o braço. A cirurgia estava programada e ela tinha sido aconselhada a esperar uma recuperação de seis meses. Ela tinha uma consulta com o fisioterapeuta naquela tarde.

Ed perguntou: "Você gostaria que eu orasse por você?"

"Sim!"

Ed usou a sua "autoridade" como o embaixador comissionado de Cristo. Ed executou o comando de Deus. Ele falou com a circunstância do ombro de Alice no Nome de Jesus. "Experimente", Ed aconselhou.

Seu braço se elevou facilmente, sem qualquer desconforto. Alice ficou atônita. Ela foi até o terapeuta físico naquela tarde e levantou o braço para o ar. Seu terapeuta disse: "Você não pode fazer isso!"

No Nome de Jesus Cristo a cirurgia de Alice foi cancelada. Deus ordena que Seus embaixadores exerçam autoridade sobrenatural para Sua glória.

13) Registre um exemplo quando você viu a autoridade do Nome de Jesus cumprida e uma cura resultou.

_____

_____

_____

Bridge for Peace Alicerce para a Cura

PARTE DOIS

LIÇÃO DOIS

AUTORIDADE II

Nosso estudo continua a se concentrar na autoridade através do poderoso Nome de Jesus. Começamos a explorar questões que envolvem o poder. Examinamos nossas experiências, porque nossos sentimentos sobre o poder podem influenciar nossa função na oração. Se você acredita em Jesus, Deus o escolheu, o nomeou para cumprir Seu propósito, ordenou que você dê frutos duradouros. Jesus conecta a fecundidade com a oração respondida. Deus nos dá autoridade. Usamos autoridade na obediência ao Espírito Santo para produzir resultados que glorificam a Deus (João 15:16).

A IMPORTÂNCIA DE UM NOME

Várias passagens das escrituras nos mostram que os nomes são importantes.
Deus diz a Abrão que Ele confirmará Sua aliança com Ele. Abrão cai de bruços diante do Senhor. Esta é a primeira Abrão se prostrando para adorar ao Senhor. Deus então muda o nome de Abrão para Abraão (Pai das Nações) (Gênesis 17: 5). Sarai, a mulher de Abrão, tornou-se Sarah (Gênesis 17:15). O casal havia tentado cumprir a Palavra de Deus através de meios humanos, mas cresceu para confiar na capacidade de Deus para propósito para eles de maneira milagrosa. Eles receberam novos nomes depois de seus personagens terem sido testados e aprovados. Abraão prova a sua forte fé através do episódio sobre o sacrifício de Isaac como já discutido.

> **Nome de Jesus e A Presença de Deus é sinônimo**.

Jacó foi renomeado após um teste de rito de passagem (Gênesis 32: 24-28).
Deus mudou no nome de Jacó (enganador) e ele se tornou Israel (aquele que luta com Deus e com o homem e prevalece).

Isaías disse que o Senhor o chamou desde o ventre; E "do ventre de minha mãe chamou o meu nome." (Isaías 49: 1b) Nós também fomos criados por Deus, chamados desde o ventre e nomeados por Deus.

Habitualmente, crianças judaicas recebiam um primeiro nome de seus antepassados. Na nomeação de João Batista, Deus interveio, dando direção que rompeu com a convenção. Zacarias foi informado por um anjo para nomear seu filho João, embora as pessoas observassem a ruptura com a tradição (Lucas 1:13, 60-63). João significa "Deus é favorável". Certamente, o favor de Deus era para Seu povo quando Ele enviou João como o precursor de Jesus.

Bridge for Peace Alicerce para a Cura

A Bíblia Sagrada diz que um anjo do Senhor apareceu a José em um sonho para tranquilizá-lo e dizer-lhe o nome que Ele devia dar ao filho de Maria. "E você chamará seu nome Jesus." (Mateus 1:21) Jesus é grego para o nome hebraico Josué, que significa Salvador.

1) Por que você acha que as pessoas foram renomeadas ou dadas nomes específicos na Bíblia?

_____

_____

_____

2) Escreva seu nome e seu significado abaixo. Muitas vezes você pode descobrir o significado do seu nome no dicionário ou na enciclopédia. Seu nome tem significado familiar?

_____

_____

_____

3) Com as informações aqui relacionadas com a importância de um nome, o que você acha que o significado de seu nome pode ser?

_____

_____

Um nome evoca a essência de uma pessoa. Quando ouvimos o nome de alguém que conhecemos, reagimos como se a pessoa estivesse lá. Se gostamos deles, podemos sorrir com a menção de seu nome. Se os amamos, sentimos emoção. Se não gostarmos deles, sentimentos negativos se levantarão. É como se a pessoa estivesse lá na menção de seu nome. Quando o nome de Deus é orado, Ele está lá com poder. A Escritura diz que Ele está conosco quando oramos em Seu nome de acordo com os outros.
(Leia Mateus 18: 19-20).

4) Você teve uma experiência quando percebeu a Presença de Deus enquanto orava de acordo com os outros? Registre sua experiência.

_____

_____

_____

Deus falou Seu próprio Nome a Moisés (Êxodo 3:14). Ao revelar Seu Nome, Deus revelou Seu caráter, Seus atributos. O Nome de Deus denota Sua real Presença.

Parte Dois - Lição Dois
Autoridade II

Bridge for Peace Alicerce para a Cura

ORAR EM NOME DE JESUS

Sua Palavra viva. Jesus nos ensina a orar em Seu Nome e a orar em acordo com sua palavra. (Leia Mateus 18:19.) Instrução de Jesus Não é uma fórmula, é Sua Palavra viva. Palavra de Deus Revela Seus desejos. Quando oramos em nome de Jesus, Oramos de acordo com a vontade de Deus, conforme revelada na Escritura. Quando oramos em Nome de Jesus, oramos pra Deus, Quem intercede por nós é o Espirito Santo (Romanos 8: 26-27, 34). Nome de Jesus e A Presença de Deus é sinônimo. O Espírito Santo inspira, desperta desejos, e oramos de acordo.

> **Instrução de Jesus Não é uma fórmula, é Sua Palavra viva.**

5) Leia João 14: 13-14 e João 16: 23-24. Observe um ou mais temas comuns nessas escrituras e discuta o que você percebe sobre elas.

_____

_____

_____

Às vezes as pessoas fecham sua oração com "... mas, seja feita a Tua vontade". Jesus nos disse para orarmos esta frase com fé (Mateus 6: 9-10). No entanto, às vezes as pessoas negam sua oração usando "Tua vontade seja feita" para sugerir que sua oração pode não ser a vontade de Deus. "Tua vontade seja feita" não é uma cláusula de escape clivada no final da oração como uma desculpa para a oração infrutífera. Jesus orou "Tua vontade seja feita" declarando que Ele preferiu a vontade de Deus acima do Seu próprio desejo (Lucas 22:42).

Jesus enfrentou tortura e morte final. Ele expressou uma esperança para evitar o horror, se possível. Contudo, Ele conhecia a vontade do Pai e reconfirmou Sua determinação de se conformar a ela. Foi assim que Ele orou: "Seja feita a tua vontade".

Quando usamos essa frase na oração, já buscamos conhecer Sua vontade, como Jesus fez. Nós oramos "Tua vontade seja feita" com conhecimento da vontade de Deus, imitando Jesus. Nós oramos determinados a perseverar para ver a manifestação da vontade de Deus, como Jesus determinou a perseverar através de Sua provação horrível para ver a vontade de Deus feita.

6) Compartilhe uma experiência de orar "a Tua vontade seja feita".

_____

_____

_____

Bridge for Peace Alicerce para a Cura

PODER

Os governos exercem autoridade estabelecendo fronteiras territoriais, mas sem poder para proteger suas fronteiras eles são vulneráveis à invasão inimiga. Somos seres físicos e espirituais. As fronteiras territoriais existem no reino espiritual. Satanás luta para manter e ganhar território espiritual. A guerra é realidade para todo discípulo de Cristo. Deus nos deu autoridade espiritual para proteger nossos limites espirituais e físicos. Não estamos lutando contra seres humanos, mas contra forças demoníacas (Efésios 6:12). Deus investe Seus embaixadores com poder para apoiar sua autoridade dada por Deus.

ABUSO DE PODER

As pessoas respondem de forma diferente ao conceito de poder. A palavra poder muitas vezes desencadeia fortes emoções. Alguns temem a responsabilidade do poder, outros anseiam poder. As vítimas de poder abusivo podem temer exercer autoridade. Alguns cristãos se sentem indignos de liberar o poder de Deus. Eles rejeitam o chamado de Deus para dar um passo adiante, estender a mão e falar autoritariamente no Nome de Jesus Cristo. As tendências da personalidade levam alguns a fazerem o backup ou seja ter um refugio que não é o Senhor, e cederem. Algumas pessoas nunca podem satisfazer sua fome de poder. Em nossa sociedade, muitas mulheres têm sido ensinadas que as melhores posições não são para as mulheres (isso não é assim). Algumas igrejas excluem seus membros. O resultado é que os cristãos precisam de cura para entrar no poder divino e na autoridade e não serem excluídos.

Precisamos que o Espírito Santo nos ensine e nos dê sabedoria sobre autoridade e poder. Claramente, Deus anseia que Seu poder sobrenatural de amor, misericórdia, cura e libertação chegue até nós nos alcançando. O poder de Deus traz alegria, paz e harmonia. Se recusarmos nossa comissão, o poder demoníaco não controlado criará o inferno na terra.

7) Como você se sente sobre o poder?

___

___

___

8) Como você se sente sobre ser confiado com o poder de Deus?

___

___

___

As Escrituras ensinam sobre o poder. (Leia Atos 19: 11-17.) Em Atos dos Apóstolos, Jesus ressuscitou e ascendeu a Seu Pai. Paulo, um ex-perseguidor cristão, teve uma experiência de conversão dramática. Ele entende que os profetas do Antigo Testamento apontaram para Jesus Cristo como Messias. Ele percebeu que Jesus morreu para

Parte Dois - Lição Dois
Autoridade II

apresentá-lo ao Pai. Quando Paulo orou, poderoso poder do Espírito Santo correu através dele e milagres fluíram. Palavra espalhada. As pessoas levavam pedaços de roupa de Paulo aos doentes. Após o contato com o pano eles foram curados! Pessoas se reuniram para ver a Paulo. Ele foi procurado por pessoas desesperadas para a cura através de Jesus Cristo. Oportunistas, como os filhos de Sceva, observaram Paulo, esperando aprender a fonte de seu poder.

Os exorcistas do Sceva copiaram Paulo, pronunciando o Nome de Jesus sobre uma pessoa demonizada. Eles tinham uma fórmula, mas não tinham autoridade. Os espíritos maus sabiam que os filhos não tinham autoridade. Eles feriram os "profissionais". Os filhos de Esceva, nus e sangrentos, saíram correndo da casa.

O uso irreverente do Nome de Jesus ofende o Senhor (Êxodo 20: 7). Deus trará juízo sobre aqueles que são descuidados com Seu Nome. O nome de Jesus, imprudentemente, é uma tolice profana e profana. Pessoas insinceras e egoístas que empregam o santo Nome de Jesus sofrerão sombrias conseqüências. Uma pessoa que não é submetida à autoridade de Deus e usa o Nome de Jesus é culpada de tentar abusar do poder celestial.

Oportunistas ainda exploram o Nome de Jesus para seu próprio ganho. Nesse sentido, o oportunista tem uma conotação negativa. Ele define uma pessoa à procura de oportunidades para promover a sua própria causa, muitas vezes às custas dos outros. Nesse sentido, um "oportunista" seria o oposto de um servo de Jesus Cristo. Eles se esforçam para transformar a cura no Nome de Jesus Cristo para vantagem pessoal. Eles usam dons espirituais para controlar os outros, para alimentar seu ego, ou para obter ganhos financeiros. Os oportunistas têm marcado muitas pessoas e levado outros a rejeitar o cristianismo.

Eu ouvi muitas histórias sobre a exploração espiritual. Deus estabeleceu a Ponte para a Paz em Uganda. Curandeiros são feiticeiros licenciados lá. Algumas pessoas doentes procuram cura na igreja. Se eles não têm resultados, eles podem ir para o feiticeiro.

Um feiticeiro foi convertido a Jesus Cristo em uma de nossas reuniões ao ar livre. Ele testemunhou, revelando truques de seu comércio anterior. Ele disse que os feiticeiros deixam comida envenenada ao lado de trilhas onde as pessoas viajam. Em Uganda, muitos estão com fome. Curandeiros sabe que as pessoas vão comer os alimentos e se tornarem pacientes. Ele nos disse que os feiticeiros põem pedaços de substâncias envenenadas sob a pele de um paciente para manter o paciente dependente deles, resultando em um fluxo contínuo de dinheiro.

Fraudes religiosas têm enganado muitas pessoas em dar-lhes adulação e dinheiro.

9) Você ou alguém que você conhece ja foi vitima do abuso de poder espiritual?

_____

_____

Bridge for Peace Alicerce para a Cura

Existem oportunistas profissionais pessoas que fingem ser cristãos porem não são. Alguns chamam-se cristãos, mas são abusadores do poder. Os abusadores imitam os filhos de Sceva. Se você experimentou o poder abusivo dos cristãos, pode ser necessário perdoar e ser curado.

10) O Espírito Santo te lembrou de uma área que precisa ser curada? Você pode perdoar o agressor e pedir a Jesus para curá-lo?

_____

_____

_____

Muitas pessoas são fascinadas pelo poder e fará qualquer coisa para obtê-lo. Eles estocam o que eles acham que lhes trará poder. Alguns coletam talismãs ou adoram satanás. Alguns adoram dinheiro ou poder político. Alguns abusam de sexo por poder. Drogas e álcool fazem os outros se sentirem poderosos. Algumas posições de abuso na família, no trabalho ou na igreja. Algumas pessoas usam a luxúria pelo poder. Eles se vestem, conversam e agem de maneira a levar as pessoas a desejá-las, a trazer pessoas sob seu poder ou sob seu "feitiço".

11) Você precisa pedir perdão por abusar do poder? Compartilhe

_____

_____

_____

Você pode receber a cura hoje de Jesus Cristo. Deus quer fazer coisas extraordinárias para você e através de você. Precisamos receber Seu poder e autoridade para viver a vida que Deus planejou para nós.

O Nome de Jesus, Seu Sangue derramado na Cruz e a autoridade de Deus devem ser reverenciados. Os servos de Deus falam Seu Nome em amor enviado. Servos do Deus Altíssimo Dele tudo a Ele. Nós ministramos em humildade, usando corretamente a autoridade, dando a Deus toda a glória. Colocamos as mãos sobre os doentes e falamos aos demônios, exercemos a autoridade de Deus e vemos os resultados.

À medida que Deus cura nossos problemas de poder, crescemos em fé expectante. Algumas pessoas vêm para a oração sem esperar muito para acontecer. Às vezes eu pergunto: "Você quer ser curado?" E as pessoas respondem: "Bem, eu acho que sim". Ou "Espero que eu possa ser libertado". Eles não começaram a entender sua posição em Cristo. Sua identidade foi roubada.

Bridge for Peace Alicerce para a Cura

ROUBO DE IDENTIDADE

Os ladrões roubam identidades dos povos e funcionam acima das contas fraudulentas do cartão de crédito. Roubo de identidade está crescendo rapidamente, mas um crime mais hediondo tem sido espalhado. Satanás roubou a identidade das pessoas em Cristo.

Temos uma identidade em Cristo restaurada através do Sangue Poderoso de Jesus pela Aliança feita entre Deus e os homens. Vítimas de roubo de identidade espiritual não sabem quem eles estão em Cristo. Eles não entendem ainda o valor do perdão através do Sangue de Jesus, as bênçãos da Aliança feita pelo Sangue do Cordeiro qualquer coisa sobre sua herança. Seu talento foi obscurecido, e eles são incapazes de realizar sua comissão. Aqueles que tiveram sua identidade espiritual roubada encontram encarcerados ou são auto-condenados por ela, vendo a vida como um fracasso. Eles não encontram satisfação ou alegria no plano de Deus. Eles não sentem poder de Deus ou desejo para viver o seu propósito. O roubo de identidade resulta em ineficácia.

> **Vítimas de roubo de identidade espiritual não sabem quem eles estão em Cristo.**

12) Satanás tentou roubar sua identidade? O que ajuda? Partilhe a sua experiência.
_____
_____

JUSTIÇA

Leia Tiago 5:16. Tiago diz que as orações de um homem justo são poderosas e eficazes. Quem é justo? Ninguém pode se tornar justo. A justiça vem de Jesus, não de nós. Fomos feitos justos porque o Sangue de Jesus nos purificou. Oramos no Nome de Jesus com a autoridade de Deus, de acordo com a Aliança de Sangue, sabendo que Jesus Cristo nos fez justos.

Quando entendemos que somos justos e abraçamos o poder de Cristo que nos foi dado, oramos com eficácia. Que o Espírito Santo aprofunde nossa compreensão desta escritura.Od filhos justificados de Deus que são libertos compartilham Seu poder e testemunham milagres, sinais e maravilhas.

Durante uma missão, no nosso dia de descanso, os missionários da Ponte para a Paz saíram para relaxar enquanto Ed e eu ficamos para trás. Uma equipe de diretores espirituais me perguntou se eu aconselharia a uma mulher. Eu estava bastante cansada e ansioso para descansar um pouco. No entanto, eu senti a vontade do Senhor em seu pedido, então eu pedi ao Senhor para me fortalecer para dizer sim a Ele.

A mulher alta e esbelta de trinta anos sentou-se comigo numa sala privada. Ela me disse que a blasfêmia constantemente percorria sua cabeça. Ela amava o Senhor e em um ponto de sua vida tinha começado o processo de se tornar uma freira. Ela não era uma

Parte Dois - Lição Dois
Autoridade II

Bridge for Peace Alicerce para a Cura

pessoa irreverente. Ela normalmente não falava nem pensava em termos desrespeitosos, mas um espírito maligno a estava atormentando.

O espírito de blasfêmia não é incomum. Eu tenho visto muitas vezes esse espírito atormentando o clero. Isso muitas vezes resulta em sentimentos opressivos de vergonha.

Ela tinha algumas preocupações sobre seu irmão no seminário que estava sofrendo com espíritos atormentadores. Eu escutei. Então eu a encorajei a interceder por ele e por ela, orando: "A Palavra diz que as orações de um justo são poderosas e eficazes".

"Agora o espírito está blasfemando", ela respondeu.

Entrei na sessão muito desgastada e senti que o demônio queria me chocar e engendrar medo. Parecia que o objetivo final era me fazer retroceder. No entanto, a tática teve o efeito oposto. A raiva justa surgiu em mim. Eu pensei: *"Como ousa este demônio afligir este querido filho de Deus."* O poder do Espírito Santo percorreu meu corpo, me energizando para a batalha. Comecei a ministrar Tiago 5:16 a ela.

As orações de uma pessoa justa, uma pessoa feita justa pelo Sangue, são poderosas e eficazes. A princípio, ela não aceitou: "Não sei se sou justo". Expliquei os meios justos em posição correta com Deus. Através do Sangue de Jesus, os discípulos foram feitos justos.

A mulher começou a entender que sua identidade havia sido roubada. O poder da Aliança de Sangue era ineficaz nela porque ela não tinha nenhum conceito de sua herança. Ela estava sendo abusada pelos poderes do inferno. Vi a expressão dela mudar quando ela percebeu a revelação do poder de Deus. Entendimento espalhado em seu rosto. Ela sabia que ela poderia orar efetivamente por si mesma e pelos outros. Ela poderia esperar bons frutos de suas orações.

13) Comente sobre ser feito justo por Cristo versus auto-justiça.

_____

_____

Jesus Cristo nos ensinou a falar na autoridade do Seu Nome. O Espírito Santo nos mostra como rezar.

14) Deus está lhe pedindo para tomar autoridade e liberar Seu poder em uma situação agora?

_____

_____

_____

Bridge for Peace Alicerce para a Cura

PARTE DOIS

LIÇÃO TRÊS

Capacitados Pelo Espirito Santo

Nosso objetivo não é só vida eterna no céu, mas uma vida vitoriosa na terra. Estudamos as instruções de Jesus sobre o Espírito Santo e o a experiência de Pentecostes dos discípulos como base para o discernimento, A Oração de auto-exame. Qual o lugar que a terceira pessoa da Trindade ocupa em nossas vidas? Qual é a evidência do poder do Espírito Santo em nós? O Batismo do Espírito e o falar em línguas é muitas vezes considerado periférico ou seja uma evidencia visível. No entanto, se a salvação não é questão de onde passamos a eternidade, se a salvação transforma o propósito da vida hoje, então a questão do Espírito Santo O revestimento de poder pelo Espirito muda e se torna uma questão central. Nosso objetivo é não só a vida eterna no céu, mas uma vida vitoriosa na terra. Jesus disse que o poder dinâmico do Espírito Santo nos dá vida por meio da Palavra. Nesta lição, estudamos a capacitação do Espírito Santo E ponderar as implicações das escrituras para nossas vidas, especialmente como eles se relacionam com o ministério de cura.

> **Nosso objetivo é não só a vida eterna no céu, mas uma vida vitoriosa na terra.**

PASCOA

Através de João 16: 5-7 entramos em um momento doloroso. A sala está preparada para Jesus e Seus discípulos celebrarem a Páscoa - uma festa anual instituída na noite antes de Deus ter libertado os israelitas do cativeiro egípcio. Páscoa ainda significa famílias ao redor da mesa juntos, lembrando tristezas e alegrias, lembrando lutas ancestrais, risos tocando e comida de conforto tradicional. Viaje, veja os discípulos sentados ao redor da mesa com Jesus. Ele tem agido estranhamente - lavando os pés como um servo, avisando-os de traição vindoura - Seu humor é solene, não comemorativo como seria de esperar.

Ele diz a Seus discípulos que Ele está no caminho para Aquele que O enviou. Jesus diz que é melhor para eles se Ele for.

1) Que reações você acha que os discípulos podem ter tido quando Jesus disse que era melhor para eles se Ele partiu?

_____

_____

_____

Bridge for Peace Alicerce para a Cura

Quando Jesus disse que seria melhor para eles se Ele foi, parece natural para mim que alguns podem ter se perguntado, Que tipo de conversa louca é esta? Como poderia ser melhor? Imagino que a afirmação de Jesus teria sido encontrada com resistência. Jesus explica a si mesmo. Ele descreve por que seria melhor para eles se Ele fosse.

2) Que razão Jesus deu? (Leia João 16: 5-7.)

___

O ESPÍRITO SANTO

A vinda do Conselheiro, O Amigo, estava condicionada à saída de Jesus. Talvez os discípulos se perguntem: O que é tão importante sobre a vinda do Amigo? Jesus ocasionalmente mostrou que Ele conhecia os pensamentos de Seus discípulos. É como se Ele sabe suas objeções agora e Ele começa a dizer-lhes por que eles precisam do Amigo.

3) O que Jesus diz que o Espírito Santo (a Quem Ele nomeia o Amigo, Consolador, Conselheiro, Advogado) fará? (Leia João 16: 8-15).

___

4) Escolha uma das funções do Espírito Santo que você identificou na última pergunta. Discuta como o Espírito Santo se moveu em sua vida dessa maneira particular por meio da convicção de pecado, ensinando o significado de justiça, julgamento, etc.

___

Depois que Jesus falou, eu me pergunto o que os discípulos pensavam sobre o Amigo, Consolador, Conselheiro e Advogado?

5) Depois de meditar sobre as Palavras de Jesus, como você acha que Jesus descreveu o Espírito Santo - sem importância, algo importante ou muito importante? Compartilhe alguns pensamentos sobre este tópico.

___

Parte Dois- Lição Três
Capacitados pelo Espírito Santo

Bridge for Peace Alicerce para a Cura

Enquanto Ed, Kevin e eu estávamos em missão na China, conhecemos um jovem magro, com quase dois metros de altura, chamado David, em uma loja local. Ele queria praticar seu inglês e pediu para caminhar conosco como o pôr do sol. Enquanto caminhávamos, observamos num quiosque com prateleiras de velas em forma de flor de lótus. David disse que era costume fazer um desejo e acender uma vela. Um deles colocava a vela no rio e caminhava ao lado dela enquanto flutuava rio abaixo.
"Por que você não faz isso?" Ele perguntou.
Kevin disse: "Nós somos cristãos. Nós não desejamos, nós oramos. "
"Ok", David respondeu. - Então, ore.

Nós compramos a vela e entramos através de ruas estreitas para o rio. Acendemos a vela à beira da água e David gritou: "Está bem. Você ora agora! "Surpreendido por seu anúncio ousado, eu me virei para olhar para ele e vi a rua cheia de chineses que nos seguiram para ver o que os americanos estavam fazendo. Oramos nossos corações para que a luz venha para o povo chinês e para um Rio da Vida fluir em sua nação. Nós soltamos a vela e caminhamos ao lado dele, mantendo a vela à vista enquanto ela se movia rio abaixo. Cuidadosamente, Kevin e Ed se revezaram para falar com David sobre a Palavra de Deus. Soubemos que Davi acreditava em Jesus Cristo e que ele tinha parte da Bíblia.

No dia seguinte, estávamos de volta à cidade e ouvimos alguém atrás de nós chamar. Voltando, vimos David se aproximando de nós. Caminhamos juntos e David disse que precisava de mais informações sobre Jesus.

Eu respondi: "Podemos te dar muita informação, mas o que precisamos é de compreensão. O Espírito Santo é Aquele que nos dá entendimento ".
"Espírito Santo? O que é Espírito Santo? "
Tentamos explicar. Eventualmente, David tirou seu tradutor de bolso e colocou no Espírito Santo. Ele disse: "Agora eu entendo."

Claro, não tínhamos como saber o que ele entendia, porque não conseguíamos ler a tradução. Dissemos a Davi que o Espírito Santo é Deus e Aquele que traz a compreensão sobrenatural de Jesus. "Você quer receber o Espírito Santo?" "Sim." Perceba, esta conversa era potencialmente perigosa para David e nós tínhamos que ter muito cuidado. Nós oramos por David sob as árvores de sombra, e imediatamente começamos a andar novamente.

"Este é o dia mais feliz da minha vida", disse David maravilhado. "Tudo parece novo", ele observou olhando para o céu e para as árvores que delineavam a passagem para pedestres. "Minha vida inteira mudou a partir deste momento." David tinha pessoalmente conhecido O Amigo.

6) Como você conheceu O Amigo? Você se lembra de uma reunião específica?

_____

_____

_____

Bridge for Peace Alicerce para a Cura

Os discípulos testemunharam Jesus curar leprosos e aleijados, e trazer pessoas mortas de volta à vida. Eles assistiram Jesus ordenar que os demônios deixassem os corpos das pessoas e ouvissem gritos de espíritos malignos quando se submeteram a Ele. Eles ouviram Jesus perdoar pecados. Jesus fez maravilhas diante de seus olhos. Ele multiplicou pães e peixe, mudou água para vinho, e disse a Pedro onde encontrar o dinheiro quando o imposto do templo era devido - na boca de um peixe! (Mateus 17: 24-27)

A Escritura registra os discípulos contentes porque os demônios se submeteram a eles quando usaram o Nome de Jesus (Lucas 10:17). Eles tinham experiência pessoal do poder do Seu Nome.

Eles sabiam que Jesus morreu pela crucificação e souberam onde Ele foi sepultado (Lucas 23:55). Alguns viram o túmulo vazio depois que Jesus ressuscitou (João 20: 1-10). Muitos o viram vivo novamente (Lucas 24: 13-15). Finalmente, Jesus se encontra com Seus discípulos para lhes dar as últimas instruções. Nesse ponto, os discípulos viveram com Jesus, foram pessoalmente ensinados por Ele, e viram demônios sujeitos a eles quando usaram Seu Nome (Lucas 10:17).

7) O que a Bíblia diz é o nível de sua fé? (Leia Mateus 28: 16-18.)

_____

_____

_____

Duvida no grego significa "vacilar na convicção". A Escritura observa sua dúvida. Embora escolhido a dedo por Jesus, pessoalmente instruído por Ele, privilegiado de fazer-lhe Suas perguntas e ouví-lo explicar parábolas, ainda alguns lutaram com dúvida. (Ver Marcos 16: 11,14, Lucas 24: 11,41, João 20: 24-29.) Eles eram pessoas comuns, não super-heróis de fé.

Jesus sabia que sua convicção vacilava, mas ainda assim Ele lhes disse para irem fazer discípulos de todas as nações. Ele também lhes disse para não deixarem Jerusalém. Jesus disse que Ele estava enviando o que o Pai prometeu. Ele instruiu-os a ficarem na cidade, para não tentar fazer nada. Eles estavam prestes a encontrar o Espírito Santo e experimentar uma aceleração da fé sobrenatural (Lucas 24:49).

8) Que evento Jesus disse aos discípulos que esperassem? (Leia Atos 1: 4-9.)

_____

Estes homens e mulheres não leram o Novo Testamento, eles o viveram. Eles viram Jesus mudar a água para o vinho. Os discípulos oraram pelos demonizados e foram entregues. Pedro até andou sobre a água. No entanto, Jesus lhes disse para não fazer nada até que recebessem o Batismo do Espírito Santo. Com todas as suas experiências incríveis, eles não estavam prontos para pregar, ensinar, ou colocar as mãos em qualquer um. "Espere", disse Jesus.

Parte Dois- Lição Três
Capacitados pelo Espírito Santo

Bridge for Peace Alicerce para a Cura

9) O que Jesus diz que aconteceria a Seus discípulos quando o Espírito Santo veio sobre eles? (Leia Atos 1: 8).

___

___

10) Na sua opinião, qual a importância de Jesus considerar o Batismo do Espírito Santo como sendo para Seus discípulos? Explique sua resposta.

___

___

___

O PENTECOSTE

Pentecostes (cinqüenta dias) na tradição israelita é também a Festa da Colheita (Êxodo 23:16). Esta alegre celebração israelita comemora a entrega de Deus aos Dez Mandamentos e inclui o sacrifício das primícias da colheita do trigo. No dia de Pentecostes, os discípulos estavam juntos no quarto superior.

Algo soando como um vento impetuoso do céu varreu o prédio onde eles esperaram. Então, com seus próprios olhos, viram a chama aparecer no ar, ela se dividiu e pairou sobre cada um! Como eles se sentem? Aterrorizado? Entusiasmado? A Bíblia diz que *todos* estavam cheios do Espírito Santo. Ninguém foi deixado de fora.

Além disso, cada um deles começou a falar línguas estranhas. O Espírito lhes deu habilidade para fazer isto. Muitos ouviram sua própria língua falada e maravilhada com ela. Os cépticos ridicularizavam os discípulos. (Leia Atos 2: 1-13.) Vemos dessa passagem que o dom de línguas foi controverso desde o início.

Há mais de uma forma de línguas estranhas. Sim, os discípulos falavam em outras línguas e pessoas de outras terras os entendiam. Este tipo de "línguas" ainda está em evidência hoje. As pessoas me disseram que eu falava estoniano (eu nem sabia que havia uma nação chamada Estônia na época), árabe, italiano e hindi. Ainda me lembro da senhora da Estônia correndo para cima do corredor da igreja para mim, seus olhos cheios de lágrimas para ouvir sua própria língua. A senhora italiana se emocionou quando o Senhor me fez dizer que ela era o amor de Seu coração em sua língua nativa. O tradutor árabe perguntou se eu falava árabe. Eu não (como eu não falo nenhuma das outras línguas). Ela disse que eu estava repetindo, "Fogo, fogo, fogo" enquanto eu orava no Espírito. E uma senhora recentemente retornou da Índia me disse que eu falava hindi quando eu orei em línguas. O Espírito Santo ainda trabalha através das pessoas pelo dom de línguas em outras línguas.

Limitaremos nossa discussão poliglota, línguas como uma linguagem de oração. Quando sentimos que não podemos elogiar adequadamente a Deus e quando não sabemos orar, Falar em outras línguas é um tesouro. O Espírito Santo elogia e ora através de nós ao manifestarmos este dom.

Bridge for Peace Alicerce para a Cura

Deus usa até mesmo nossa limitação de linguagem para glorificar Ele mesmo. Ele nos dá a oportunidade de se render nossa limitação a Ele através da oração em línguas. Deus torna nossa inadequação uma maravilhosa e ilimitada experiência através do dom de línguas. Nós corremos fora das palavras para descrever as alturas de Sua glória e a profundidade de nossas emoções, mas podemos orar em línguas e sentimos que temos mais precisão expressou o louvor e ação de graças em nossos corações.

Na cura, o conhecimento do médico é imperfeito, Nosso conhecimento é restrito, mas o Espírito Santo Tem um conhecimento sobrenatural ilimitado. eu sou Deus nos deu o dom de línguas e por meio desse dom posso falar com meu pai em secreto ainda quando eu não saiba como orar.

> **Nós corremos fora das palavras para descrever as alturas de Sua glória e a profundidade de nossas emoções, mas podemos orar em línguas e sentimos que temos mais precisão expressou o louvor e ação de graças em nossos corações.**

Uma senhora numa situação familiar complicada e potencialmente perigosa veio orar durante o ministério de rua em Nova York. Ela precisava de sabedoria e conhecimento. Ela acreditava em Jesus e estava andando com Ele. Eu perguntei: "Você recebeu o batismo do Espírito Santo?"

"Não, eu não tenho. Eu não quero brincar com Deus se não estou pronto ", disse ela.

"Tanto quanto eu entendo", eu disse, "Deus diz que os crentes não estão prontos quando não têm o Espírito Santo. Jesus não pediu aos apóstolos se estavam prontos para receber o Espírito Santo. Jesus disse esperar até receber o Espírito Santo.

"Você recebeu Jesus Cristo e agora você precisa do poder do Espírito Santo para andar em tudo o que Jesus Cristo lhe mostrou. Os apóstolos precisavam esperar em Deus para receber o Espírito Santo.

"Se você não tem o poder do Espírito Santo em sua vida, você não tem o que Jesus disse aos discípulos que eles precisavam antes que eles fizessem alguma coisa. Como você vai ser capaz de lidar com a difícil situação familiar sem a capacitação do Espírito Santo? Eu acho que chamar o Nome de Jesus para ser salvo, amar a Deus, e desejando segui-Lo é a preparação para receber o poder do Espírito Santo e o Batismo do Espírito Santo.

"Mas cabe a você. Você deseja Aceitar a Cristo e receber o Espírito Santo? Você precisa do poder do Espírito Santo "

Ela disse: "Sim, eu quero."

Simplesmente oramos. E o Espírito Santo caiu sobre ela de uma nova maneira, como Jesus disse. A mesma coisa aconteceu com ela como os apóstolos experimentaram em Atos. Lá na rua, ela recebeu o Espírito Santo. Jesus enviou-lhe o Amigo, como Ele disse que Ele faria.

Bridge for Peace Alicerce para a Cura

Uma vez que recebeu o Espírito Santo, ela começou a falar no precioso dom de línguas. E enquanto ela falava, ela sorriu e seu rosto ficou mais radiante enquanto falava em línguas.

11) Em sua opinião, o que nos prepara para receber o Batismo do Espírito Santo?

_____

_____

_____

Enquanto ministrava na Austrália na nossa agenda tinha uma reunião de grupo de jovens uma tarde e um serviço de cura na mesma igreja naquela noite. Perguntei ao ministro da juventude se os jovens haviam sido batizados no Espírito Santo. Ela disse que não, mas sentiu que estavam prontos. Eu indiquei escrituras sobre o Espírito Santo. No final do encontro, todos aqueles que desejavam receber foram batizados.

O batismo do Espírito Santo é dado para a ação. Convidamos os adolescentes a servir no serviço de cura da noite e ensiná-los a orar pelos enfermos. Começaram ministrando um ao outro.

Os medos e as tensões foram curados enquanto colocavam as mãos um sobre o outro. Tanto a equipe como os adolescentes ficaram entusiasmados ao ver o poder de cura de Deus operando através deles. Cada um deles orou por testemunhou uma cura.

Um homem se confundiu com o calendário veio para o culto de adolescentes às 16:00hs em vez do culto de adulto às 19:00hrs. Um par de meninas tinha terminado de orar um pelo outro. Eu perguntei se eles estariam dispostos a orar pelo cavalheiro.

Ele esteve em um acidente de motocicleta muito complicado. Ele havia passado por várias cirurgias do pé. Ele estava em constante dor e teve problemas de peso durante vinte anos. As meninas oraram por ele e ele foi curado! Este homem, que era como uma farmácia ambulante escreveu um testemunho de quatro páginas explicando suas dificuldades e proclamando a cura. Ele ficou espantado com o poder de Deus fluindo através das duas jovens.

Naquela noite, os adolescentes vieram e ajudaram a equipe da Ponte pela Paz a orar por aqueles que vieram para serem curados. Eles também liberaram o Batismo do Espírito Santo para quem quisesse recebê-lo.

Um jovem foi para uma das equipes da Ponte para a Paz. Ele era um excelente atleta, mas tinha se machucado jogando. Ele tinha estado em fisioterapia por um longo tempo com pouco alívio. A equipe orou por ele e ele foi curado.

Bridge for Peace Alicerce para a Cura

Mais tarde naquela noite, o jovem me perguntou se ele poderia nos ajudar a fazer as malas. Algumas das equipes ainda estavam orando e eu recebi sua ajuda. Então eu pensei, Senhor, este rapaz quer algo. Eu perguntei a ele. "Você estava aqui esta tarde?" "Não, mas minha irmã estava." "Ela recebeu o Batismo do Espírito?" "Sim, ela recebeu" "Ela recebeu o dom de línguas?" "Sim." " Você quer receber também? " " Sim. "Nós nos sentamos no banco e eu orei por ele. Em seguida, ele estava falando em línguas. O jovem escreveu um testemunho sobre sua cura e recebeu o dom de línguas dizendo: "Minha vida inteira foi mudada".

Este poder do Espírito Santo é o que é necessário para fazer discípulos de todas as nações. Os discípulos mostraram que uma pessoa não precisa ser super-espiritual para receber o Espírito Santo. O Espírito Santo prepara os que duvidam, anima a fé, aprofunda o entendimento e dá poder para realizar a comissão de Deus. Os discípulos não se tornaram mais espertos; Revelação é sobrenatural, independente da capacidade intelectual! Deus lhes deu conhecimento dos Seus caminhos. Nós, também, podemos lidar com nossa fé, e ainda assim Deus nos diz para irmos fazer discípulos. Todos nós precisamos do toque do Espírito Santo para uma aceleração da fé sobrenatural.

12) Você recebeu o batismo do Espírito Santo?

_____

13) Se você não foi batizado no Espírito, você quer ser?

_____

Você pode pedir ao Espírito Santo que o batize. Basta pedir a Jesus para batizá-lo com o Espírito Santo ou pedir a alguém que foi batizado no Espírito para orar com você. Na próxima lição, sugerimos uma oração pelo Batismo no Espírito Santo.

Bridge for Peace Alicerce para a Cura

PARTE DOIS

LIÇÃO QUATRO

A ORAÇÃO DA NOVA ALIANÇA
"Oração da Aliança pelo Sangue de Jesus"

Nesta lição, iremos nos familiarizar com o fundamento bíblico da "Oração da Aliança pelo Sangue de Jesus". Você pode então clamar por si e por outros. Descobrimos que é inestimável ter a "Oração da nova aliança" gravada na frente de nossas Bíblias para orar com pessoas que procuram oração de cura. Esta oração bíblica foi pesquisada por Vaughan Colebrook da Austrália, que foi milagrosamente curado de uma incapacidade incapacitante. Agradecemos a ele e Ellen Colebrook pelos seus ensinamentos e generosidade em relação ao ministério Ponte para a Paz. Fizemos pequenas modificações no original. Os estudos e os esforços escritos de Vaughan puxaram os elementos da oração juntos, mas eu fiz a oração minha.

Ed e eu vimos Jesus mudar vidas enquanto oramos a Oração da aliança pelo Sangue de Jesus, com pessoas em muitas situações diferentes. Alguns querem reconhecer Jesus Cristo como seu Senhor pela primeira vez e alguns querem renovar sua vida a Cristo. Alguns querem ser batizados no Espírito, outros amaram o Senhor, mas nunca compreenderam sua herança Nele. A oração é útil para descobrir as necessidades de arrependimento e ajudar as pessoas a se arrependerem. A Oração da Aliança da pelo Sangue de Jesus, pode ajudar aqueles que lutam com a falta de perdão, aqueles que estão prontos para perdoar e aqueles que precisam de ajuda para perdoar.

A Oração da Aliança pelo Sangue de Jesus

Pai, eu venho a Ti em Nome de Jesus. Eu reconheço que o Senhor me ama e enviou Seu Filho Jesus para remover meu pecado que me separa de ti.

Eu respondo ao Seu amor e me arrependo de todo o meu pecado. Por favor, perdoe-me e purifique-me pelo Sangue de Jesus Cristo. Pela fé, Pai, eu agora recebo Seu perdão e purificação no Nome de Jesus. Eu Te agradeço que a Tua Palavra diz que eu estou agora perto de Ti por causa do Sangue de Jesus Cristo através do qual eu entro no relacionamento de uma nova Aliança contigo agora pelo Sangue de Jesus.

> **Eu reconheço que o Senhor me ama e enviou Seu Filho Jesus para remover meu pecado que me separa de ti.**

Eu renuncio ao senhorio de satanás sobre meu espírito, alma, (mente, pensamentos, vontade, intelecto, emoções) e meu corpo. Eu renuncio a cada domínio ou influência do diabo em todas as áreas da minha vida, incluindo tudo herdado através das gerações, porque a Bíblia me diz que eu tenho um novo Pai e eu só herdarei Dele agora.
(Este é o tempo para renunciar ao pecado - atividade oculta, falta de perdão, etc.)

Bridge for Peace Alicerce para a Cura

Senhor Jesus Cristo, eu o convido a entrar em minha vida e eu te submeto totalmente. Peço-te que seja Senhor de meu espírito, alma (mente, pensamentos, vontade, intelecto, emoções) e meu corpo. Pela fé, declaro que o pecado não terá mais domínio sobre mim, porque o Teu Espírito vive em mim. Pela fé eu sou salvo, entregue, protegido, curado, preservado, fazendo bem, prosperando e tornado inteiro pelo Sangue de Jesus Cristo.

Senhor Jesus, Tu és o que batiza no Espírito Santo. Peço-te agora que me batiza com o Espírito Santo e fogo. Eu creio, pela fé, que quando o Espírito Santo vier sobre mim eu receberei poder e direi as pessoas sobre ti em toda parte. Creio que, enquanto falo, o Espírito Santo me dará a capacidade de falar novas línguas. Eu oro no Nome de Jesus Cristo. Amen

EXAMINANDO A ORAÇÃO

Pai, venho a Ti em Nome de Jesus. Jesus disse que Ele é o Caminho, a Verdade e a Vida. Ele claramente disse que ninguém pode vir ao Pai senão por Ele (João 14: 6).

Eu reconheço que Você me ama e enviou Seu Filho Jesus para remover meu pecado que me separa de Você. Deus te amou de tal maneira que enviou o seu Filho unigênito para que não pereças, mas tenha a vida eterna (João 3: 16-21). O pecado nos separa de Deus (Isaías 59: 2). A morte reinou na humanidade até que nosso Salvador Jesus veio (Romanos 5: 12-17). A Escritura nos diz que fomos alienados, separados de Deus. Nossas atitudes eram hostis a Ele. Cristo, por Seu corpo de carne, nos reconciliou com Seu Pai (Colossenses 1: 21-22).

Eu respondo ao Seu amor e me arrependo de todo o meu pecado. O amor do Pai por nós o levou a enviar Jesus. Jesus pede que respondamos ao amor de Deus com arrependimento (Marcos 1: 14-15). Atos 3:19 nos adverte a nos arrependermos e a nos convertermos para que nossos pecados sejam apagados. Arrepender-se significa ter vergonha do pecado, pedir perdão a Deus. Arrepender-se significa afastar-se do pecado e voltar-se para Deus. O arrependimento é o desejo motivado pelo coração de corrigir nossos hábitos ímpios, aborrecendo nossas transgressões e abraçando os caminhos de Deus. Lucas 3: 8a nos adverte a dar frutos dignos de arrependimento. "Frutificar" significa que nossas vidas evidenciam as características de um estilo de vida piedoso e produzem uma expansão no Reino de Deus na Terra.

Por favor, perdoe-me e purifique-me pelo Sangue de Jesus Cristo. Hebreus 9:22 nos instrui sobre a necessidade do derramamento de sangue para a libertação da nossa culpa do pecado. Sem sangue derramado não há remissão de punição devido pelo pecado. Deus prova seu amor por nós pelo fato de que enquanto ainda éramos pecadores, o Messias morreu por nós (Romanos 5: 8). 1João 1: 7 diz que o Sangue de Jesus nos purifica de todo pecado.

Pela fé Pai, eu agora recebo Seu perdão e purificação no Nome de Jesus. Vejamos esta frase em segmentos menores. *Pela fé ...* Para recebermos do Senhor temos que dar um passo na fé. A fé agrada a Deus e nós colhemos uma recompensa pela fé (Hebreus 11: 6). *Eu agora recebo Seu perdão ...* A Escritura diz que se confessarmos nossos pecados Ele é fiel e justo para nos perdoar (1João 1: 9). *... e purificação ...* Hebreus 1: 3 diz que Jesus realizou a purificação de nossos pecados oferecendo a si

Parte Dois - Lição Quatro
A Oração Da Nova Aliança

Bridge for Peace Alicerce para a Cura

mesmo. ...*em nome de Jesus.* Jesus disse que se pedimos em Seu Nome, Ele mesmo concederá nosso pedido para que Seu Pai seja glorificado (João 14:14).

Eu Te agradeço Senhor porque a Tua Palavra diz que eu estou agora perto de Ti por causa do Sangue de Jesus Cristo através do qual eu entro em uma nova aliança contigo. Efésios 2:13 nos diz que o Sangue de Jesus nos aproxima do Pai. Hebreus 13: 20-21 diz que o Sangue de Jesus sela o pacto.

Renuncio ao senhorio de satanás sobre meu espírito, alma (mente, pensamentos, vontade, intelecto, emoções) e meu corpo. Antes de receber Cristo, somos presos pelo diabo, mantido em cativeiro por ele. Estamos sob a seu senhorio. Nós escapamos de satan por receber Jesus, rejeitando satanás, e preferindo a vontade de Deus (2Timothy 2:26).

Eu renuncio a toda posse ou influência do diabo em todas as áreas da minha vida, incluindo tudo herdado através das gerações, porque a Bíblia me diz que eu tenho um novo Pai e eu só herdo dele agora. O diabo é pai de pessoas que satisfazem voluntariamente desejos ímpios ou desejos demoníacos (João 8:44). Aplicando o princípio da semeadura e da colheita, encontramos a licença de coração duro uma herança de escravidão (Gálatas 6: 7). Todos os que renunciam ao diabo e sua escravidão herdada por gerações se regozijam na afirmação de Jesus de que Satanás, o governante maligno deste mundo, será expulso (João 12:31). Concordamos com Romanos 6:14, o pecado não deve exercer domínio sobre nós, porque estamos agora sob a graça.

Quando o Filho nos liberta, somos inquestionavelmente livres (João 8:36). Deus, que planejou adotar-nos como Seus Filhos, torna-se nosso novo Pai. Ele realiza Isto através de Jesus Cristo (Efésios 1: 5-6). Quem quer que Recebe Jesus tem o direito de se tornar filho de Deus (João 1:12). Efésios 1:14 afirma que os filhos de Deus têm Recebeu uma herança dele. Deus é capaz de nos dar O que Ele chama de nossa legítima herança (Atos 20:32).

> **Se pois o filho vos libertar verdadeiramente sereis livre**

(Este é o momento de renunciar à atividade oculta do pecado, falta de perdão, etc.) Neste ponto da oração, ajudamos as pessoas ao nomear qualquer pecado que o Espírito Santo nos traz à mente e oferecer oportunidade para rejeitá-lo. Neste ponto, podemos ajudar as pessoas perguntando se há alguém que precisam perdoar e apoiá-las durante o processo.

Senhor Jesus Cristo, eu o convido a entrar em minha vida eu me submeto totalmente a ti. Peço-te que seja Senhor de meu espírito, alma (mente, pensamentos, vontade, intelecto, emoções) e meu corpo. Agora podemos convidar Jesus a entrar em sua vida e faz uma declaração de obediência a Jesus como Senhor. Quando alguém ora assim, é através do poder do Espírito Santo. Ninguém pode dizer que Jesus é o Senhor, a menos que seja por meio Espírito Santo (1Coríntios 12: 3b)

Bridge for Peace Alicerce para a Cura

Pela fé eu sou salvo, entregue, protegido, curado, preservado, fazendo bem, prosperando e tornado inteiro pelo Sangue de Jesus Cristo. Pela fé, fazemos uma declaração pessoal de nossa posição. Muitas Bíblias usam a palavra "confessar" para definir uma declaração pessoal de nossa posição de fé. A Bíblia diz que quando "confessarmos" Jesus é o Senhor, seremos salvos (Romanos 10: 9). A oração nos leva a declarar que somos "salvos" (sozo). Aqueles que O recebem recebem as promessas "sozo". As promessas sozo incluem salvação, libertação, proteção e cura como estudado na Parte 1, Lição 3, João 3: 16-17. Passamos das trevas à luz e do influencia de satanás para o poder Deus, recebendo o perdão pelos nossos pecados e um lugar entre os consagrados a Deus (Atos 26:18).

Senhor Jesus, Tu és o que batiza com Espírito Santo. João Batista disse ao povo que Jesus era Aquele que batizaria com o Espírito Santo (Mateus 3:11).

Te peço agora que me batize com o Espírito Santo e fogo. Jesus nos diz para pedirmos e assim receberemos (João 14: 13-14). Pedimos para receber o Espírito Santo, terceira pessoa da Trindade, e fogo (Mateus 3:11, Lucas 3: 16-17). Os apóstolos receberam o Batismo do Espírito Santo quando línguas de fogo apareceram e se estabeleceram sobre cada um deles (Atos 2: 3). A aparência de uma chama de fogo está associada à Presença Divina (Êxodo 3: 2). A palavra grega **pur** é traduzida aqui como fogo. O significado original é relâmpago, um símbolo da liberação rápida do poder. O fogo simboliza o poder, a purificação, a paixão e o zelo santo, assim como o julgamento.

Eu creio pela fé, que quando o Espírito Santo vier sobre mim, eu receberei o poder e direi as pessoas sobre o Senhor em toda parte. Jesus disse que receberíamos o poder quando o Espírito Santo vier a nós pessoalmente. A fé expectante acredita que os seguidores de Cristo podem ter o que os discípulos receberam no Pentecostes. Jesus encomendou a todos os crentes que fossem espalhar as boas novas. Acreditamos que o Espírito Santo nos capacitará com dons e ousadia para completar nossa missão (Atos 1: 8).

Creio que enquanto falo, o Espírito Santo me dará a capacidade de falar novas línguas. Novas línguas é uma manifestação de receber o Espírito Santo (Atos 2: 4).

Eu oro no Nome de Jesus. Orar em Nome de Jesus significa orar com Ele, Seu Nome representa tudo o que Ele é (João 14: 13-14).

Amém, Amém significa assim seja, digno de confiança, certamente será.

1) Escolha um dos parágrafos acima. Reveja as escrituras referenciadas nesse tópico. Compartilhe uma nova descoberta, um desafio ou uma afirmação de uma crença de longa data depois de explorar a Palavra.

___

___

___

Bridge for Peace Alicerce para a Cura

PODER PARA CURAR

Enquanto estávamos em missão nas Ilhas Filipinas, um motorista de ambulância veio orar conosco. Por dirigir em trânsito pesado esticou sua perna e por isso passou a ter dor constante, dor extrema. Em uma escala de um a dez, dez sendo o mais intenso, ele descreveu sua dor como nove. Ele esfregou a perna enquanto estava sentado na cadeira. Sua esposa estava ao seu lado. Eles temiam que ele não seria capaz de continuar a trabalhar. Eles disseram que era extremamente difícil conseguir um bom emprego. Ele amava Jesus e tinha sido batizado, mas não tinha ouvido falar do Batismo do Espírito Santo. Ele queria o batismo, assim como sua esposa. Nós oramos. Eles começaram a falar em línguas. Eles sentiram a presença do Espírito Santo. Alegria substituiu a ansiedade. Perguntei-lhe como sua perna estava e sua boca caiu aberta! Ele não tinha dor. Ele pulou da cadeira e pisou no pé esquerdo, ainda sem dor! Ele começou a pular, sem dor!

Ele tinha recebido sozo poder - salvo, curado, entregue e providenciado pelo Sangue de Jesus Cristo e do Espírito Santo.

2) Quão importante você sente que é oferecer o Batismo do Espírito Santo às pessoas que pedem oração de cura? Por quê?

_____

_____

_____

_____

PODER QUE CAPACITA

Tenho visto muitas vezes pessoas que orarem para receber o Batismo do Espírito Santo para receber o dom de línguas, cura física e cura emocional. Esta é a evidência da realidade - Deus capacita as pessoas através do Batismo do Espírito Santo.

Eu orei a oração da Aliança de Sangue com uma mulher nas Filipinas que amava o Senhor. Tinha tentado orar pelos hospitalizados, mas quando entrou na enfermaria começava a chorar. Os funcionários pediram-lhe para sair, porque ela não se sentia a vontade. Ela estava frustrada, porque não conseguia cumprir seu chamado. Ela tinha compaixão, mas não tinha coragem, força e paz interior para orar por pessoas criticamente doentes.

Oramos juntos, ela recebeu o Espírito Santo de forma dramática, tremendo sob o poder de Deus. Recebi um e-mail após o nosso retorno aos EUA. Esta mulher estava orando pelos doentes, abençoando muitas pessoas e suas famílias.

Bridge for Peace Alicerce para a Cura

3) Quais são as necessidades pessoais do Espírito Santo que o equipam quando você medita nos seus desafios atuais?

_____

_____

PODER QUE LEVA AO ARREPENDIMENTO

Arrependimento significa arrepender-se dos pecados que cometemos e desejar-nos comportar de maneira diferente. Arrependimento significa afastar-se do pecado e chegar-se a Deus. Lembre-se, não podemos ver nossa própria pecaminosidade. O Espirito de Deus nos convence do pecado. Através do poder de Seu Sangue e do Espírito Santo, Jesus Cristo liberta as pessoas que não puderam avançar.

Quando o conhecimento da necessidade de arrependimento se manifeste em dentro de ti, seja encorajado, animate! O Espírito Santo está em ação! Quando sentimos tristeza pelo pecado, é tempo de arrependa-se com entusiasmo! Perceba que é o espantoso Espírito Santo que nos fala, mostrando-nos o nosso pecado. À medida que nos tornamos mais sensíveis ao Espírito Santo, crescemos em santidade. Cultivemos gratidão pela revelação a respeito do pecado o remédio para isso é o Sangue de Jesus.

Na Oração da nova Aliança as pessoas têm a oportunidade de se arrependerem. Eles podem perguntar se eles devem falar em voz alta ou para si mesmos. As pessoas tem preferência e pode ser que eles se arrependam silenciosamente, mas há benefícios em verbalizar o arrependimento. Enquanto nós nunca obrigamos alguém a falar dos seus pecados, Deus tem me mostrado expressão verbal pode criar uma oportunidade para ajudar as pessoas. Os exemplos a seguir demonstram isso.

Orei com uma mulher para renovar sua vida a Jesus e receber o Batismo do Espírito Santo. Eu perguntei: "Existe alguma coisa de que você gostaria de se arrepender?" "Não." O Espírito Santo me levou a perguntar: "Horóscopos? Tábuas Ouija? " "O que há de errado com isso?" Ela perguntou.

A atividade oculta - adivinhos, astrologia, numerologia, cartas de tarô - está se voltando para o poder demoníaco. Alguns pensam que é apenas por diversão e não percebem que é perigoso e pecaminoso. Esperar resposta de atividades com influencia demoníaca por qualquer motivo convida graves resultados, até mesmo resultados mortíferas.

Nós conversamos. Ela compreendeu e se arrependeu em voz alta de atividade oculta. Seu corpo começou a torcer e girar anormalmente, e ela passou por libertação de espíritos demoníacos. (Envolvimento no ocultismo também pode causar doença.) Tudo isso aconteceu porque ela respondeu em voz alta.

Em outras ocasiões, Deus me mostrou a importância do arrependimento verbal. O com uma jovem, sugeri que fizéssemos uma pausa e demos ao Espírito Santo tempo para nos falar sobre qualquer área onde o arrependimento fosse necessário. Depois de um curto período de tempo, ela me perguntou: "Devo dizer isso em voz alta?"

"Isto é entre você e Deus, mas você pode dizer em voz alta tudo o que vem para você, se quiser."

"Eu me arrependo de todos os meus pecados", ela orou e, como ela começou a nomear as coisas, senti o Espírito Santo falar comigo.

"Você já confessou esses pecados antes?"

"Sim." Ela estava se arrependendo de coisas que ela já confessara. Ela continuou a carregar o fardo dos pecados passados, embora ela tivesse confessado. Eu falei sobre a Aliança de Sangue e o perdão. Por fim, através da revelação do Espírito Santo, ela recebeu sua herança em Jesus Cristo e sabia que Deus havia perdoado seus pecados confessados. Deus não se lembrava mais deles. Ela foi libertada do plano do diabo, o acusador, que queria que ela permanecesse em um estado de auto-aversão pelos pecados passados, sem nenhum modo de escape. Graças sejam ao nosso libertador Jesus Cristo que providenciou nossa saída!

Alguns tremem com a palavra arrependimento. Eles projetam sentimentos de medo e vergonha em situações de arrependimento. Como a imagem clássica de uma criança de bochechas vermelhas presa com a mão no pote de doces, imaginamos a culpa e a vergonha. Na realidade, "suportar o pecado" traz culpa e vergonha. As conseqüências do arrependimento muitas vezes traz gratidão, alívio, vida nova, liberdade, cura e alegria. Estou convencido dos benefícios do arrependimento da experiência de primeira mão e do que eu vi acontecer na linha de cura quando as pessoas se arrependem. Sou grata por aqueles que me ajudaram e valorizaram a oportunidade de ajudar os outros a serem capazes de possuir e confessar o seu pecado.

4) Você pode compartilhar uma experiência de arrependimento positivo?

_____

_____

_____

Aprendemos primeiramente atitudes para o arrependimento e o perdão em nossas famílias. Em algumas famílias, um insulto, real ou imaginário, causou uma ruptura familiar que fez com que as famílias deixassem de falar umas com as outras. Ressentimentos pode causar magoas por gerações.

Às vezes as pessoas pedem desculpas para aliviar a sua própria consciência, e pode deixar-nos em um dilema sobre o que fazer com a informação. (Por exemplo, isso pode acontecer em casos de adultério.)

Bridge for Peace Alicerce para a Cura

Uma pessoa apanhada em transgressão pode expressar arrependimento. Pesar significa "Desculpe por ter sido pego", enquanto o arrependimento é genuína tristeza

pelo comportamento. Algumas desculpas pretendem carregar a culpa nos outros, fazendo-os sentir que eles são o problema.

Alguns modelos familiares se desculparam por tudo, assumiram a responsabilidade quando não tinham culpa, para manter a paz ou por outras razões. Podemos ter vivido em uma casa onde as pessoas se recusaram a aceitar desculpas.

Talvez você devesse um pedido de desculpas que você nunca recebeu. Muitos adultos têm memórias infantis de injustiça, mas ninguém nunca admitiu a ela ou pediu desculpas por isso. As experiências iniciais afetam a maneira como pensamos sobre o arrependimento.

5) Qual foi a atitude da sua família em relação ao arrependimento?

_____
_____
_____

6) Você deve um pedido de desculpas que você sabe que nunca será próxima? Discuta sua perspectiva.

_____
_____
_____

Somente o Espírito Santo pode convencer-nos de pecaminosidade. A consciência de nossa pecaminosidade mostra que o Espírito Santo está operando em nós. Passe um pouco de tempo com o Espírito Santo agora mesmo.

7) Você sente que Deus fala com você sobre o arrependimento? Registre suas idéias.

_____
_____
_____
_____
_____

Parte Dois - Lição Quatro
A Oração Da Nova Aliança

Bridge for Peace Alicerce para a Cura

Precisamos nos arrepender por qualquer falta de perdão que temos em relação aos outros. Deus nos pede para perdoarmos por muitas razões. Antes de começar esta seção sobre o perdão, ponderar o enorme preço Jesus pagou por nossos pecados. É inimaginável. Jesus levou todo o nosso pecado. Sua morte sacrificial pavimentou o caminho. Agora podemos ser perdoados. Ele nos restaurou para o céu, e demonstrou o poder do perdão.

PODER PARA PERDOAR

Cerca de 22:00hrs na Austrália, o nosso serviço de cura e libertação ja estava terminando quando vi um jovem casal a pé através da porta lateral de mãos dadas. Ele era alto e magro, ela era pequena com cabelo escuro e pele morena. Eles deslizaram para o terceiro banco, sentaram perto do corredor e assistiram as equipes da Ponte para a Paz orando. Ouviram pessoas testemunharem curas milagrosas.

O jovem se aproximou de mim e disse: "Meu vizinho estava aqui mais cedo. Ele bateu na minha porta e me disse: 'Você tem que ir até a igreja e ver o que está acontecendo.'"

O jovem queria o batismo com o Espírito Santo. Ele recebeu o Espírito Santo e o dom de línguas derramado sobre ele. Seu rosto estava radiante.

A jovem permaneceu em seu assento. Senti o Espírito me dizer para ir até ela. Sentada ao lado dela, perguntei: "Você viu o que aconteceu com ele?" Ela confirmou. "Você veio pelo mesmo motivo?" Ela confirmou novamente. "Você teve a oportunidade, como adulto, de entregar sua vida a Jesus Cristo?" "Não." "Você gostaria?" "Sim." "Você quer receber o Batismo do Espírito Santo, como ele fez? Ela confirmou com a cabeça. "Você gostaria de orar junto conmigo, entregar sua vida a Jesus e receber o Batismo do Espírito Santo?" "Sim".

Eu comecei a oração, e ela repetiu: "Pai, eu venho a Ti no Nome de Jesus ..." Chegamos ao arrependimento do pecado e perguntei: "Há alguém que você não tenha perdoado?" Seu rosto endureceu, ela olhou para o chão. "Há alguém que você não perdoou?" Nenhuma resposta. "Você pode perdoar essa pessoa agora?" Nenhuma resposta.

Meu coração caiu; Isso era muito sério. Então o Espírito Santo tocou minha mente e me mostrou como falar com esta jovem. O Espírito me deu uma visão interior e explicou-me em um flash. De uma forma amigável, repeti a ela o que o Espírito Santo me ensinou. Esta é uma versão mais próxima da nossa conversa:

"Algumas pessoas são deliberadamente cruéis. Eles machucam intencionalmente as pessoas. Eles são abusivos e gostam de infligir dor. Eles podem não pedir perdão. Eles podem não se importar se nós os perdoamos. Eles podem não admitir que nos machucam. Podem até mesmo nos culpar pela situação, torcendo os fatos. Quando eles nos ferem, é como se eles atirem uma flecha venenosa em nosso coração.

"Quando a flecha permanece lá, envenena nossos corações com amargura, ressentimento, raiva e outras emoções nocivas. Permitido para apodrecer, o veneno se

Bridge for Peace Alicerce para a Cura

espalhará e nos deixará doentes. Pode afetar nossas mentes e corpos. Podemos nos tornar mentalmente, fisicamente doentes.

"Você tem uma flecha em seu coração e você é o único que pode removê-lo. Deus não pode removê-lo, porque Ele escolheu limitar-Se quando Ele te deu livre escolha.

Mas Deus lhe deu a opção para removê-lo - perdão. Se você perdoar não significa que o que eles fizeram foi aceitável. Isso significa que você quer se livrar disso. Deus quer que nos lembremos que Jesus Cristo sofreu terríveis abusos e perdoou Seus abusadores. Jesus escolheu faze-lo livremente.

"Jesus está orando por você agora para que possas fazer uma escolha, para que sua escolha seja a vida. Ele sabe o que aconteceu. Ele sabe como se sente. Ele sabe tudo. Deus quer que você escolha o perdão, por sua própria causa e por amor a Jesus. Você não terá que perdoar sozinho; O Espírito Santo o ajudará. Então o Espírito Santo limpará a ferida e começará a curá-lo. Você pode perdoar? "

Chorando, ela balançou a cabeça, não. Meu coração se encheu de compaixão por ela. "Você não precisa sentir vontade de perdoar. Eles não têm que merecer o seu perdão. Você só tem que fazer a escolha de perdoar. "

"Eu não tenho que sentir isso?" "Eu tenho que sentir vontade de perdoar?"

"Não. O perdão não é um sentimento. É uma escolha. Uma escolha que Deus espera que você faça por sua própria causa. Uma escolha que o Espírito Santo o ajudará a fazer. Você vai deixar Deus te ajudar? Você fará a escolha de perdoar e tirar essa seta do seu próprio coração?

Ela confirmou com a cabeça, as lágrimas escorrendo pelo seu rosto. Meu coração exaltou a Deus. Oramos juntos a oração da Nova Aliança. Ela recebeu o Batismo com o Espírito Santo e vi seu rosto transformado. Ela falava em línguas. Jesus mudou sua vida.

Essa jovem não acreditava que pudesse perdoar. Ela não queria perdoar. Jesus Cristo deu-lhe o poder de escolher o perdão.

No ministério de oração temos a maravilhosa oportunidade de ajudar as pessoas a perdoar. O Espírito Santo já está trabalhando em seus corações se eles sabem que precisam perdoar alguém. Sem a presença do Espírito Santo, encontramos auto-justificação absoluta, coragem dura e defensiva quando sugerimos que alguém precise perdoar. Faça tudo o que puder para persuadir as pessoas a perdoar ou elas serão presas na escravidão de satanás.

No estudo do arrependimento, buscamos nossos corações por desculpas nunca dadas ou rejeitadas. A pessoa que nos feriu pode estar morta. Ainda precisamos perdoá-los. O Espírito Santo nos ajuda a perdoar os outros e nos ajuda a nos perdoar a nós mesmos. O Consolador traz a paz.

Parte Dois - Lição Quatro
A Oração Da Nova Aliança

8) Você precisa perdoar alguém? Escreva

_____

_____

_____

O perdão não implica a aceitação de maus comportamentos. Deus não perdoa o mal. Nós não aceitamos o mal, nem nunca nos colocamos no perigo de uma pessoa abusiva. Perdoamos as pessoas sabendo que seu comportamento é mau e elas podem nem se importar se nós as perdoamos. Deus nos pede para perdoarmos. Jesus nos ensinou a orar "perdoa-nos os nossos pecados como nós perdoamos aqueles que pecam contra nós". Segurar a falta de perdão tem sérias conseqüências.

Quando nos recusamos a perdoar, pecamos contra Deus. Precisamos dizer a Deus que sentimos desculpas pela falta de perdão e nos tornamos da falta de perdão pelo poder do Espírito Santo. O Espírito Santo nos protege de guardar rancores, amargura, ressentimento e culpa.

Perdoamos por causa de Jesus Cristo. Perdoamos por nossa própria causa, para que possamos ser libertados. Perdoamos pelo bem do outro, para libertá-los. Ajude as pessoas a perdoar. A falta de perdão pode tornar as pessoas doentes no coração, na mente, no corpo e no espírito.

9) Can you make the decision to forgive?

_____

_____

O verdadeiro teste de um cristão é poder orar por nossos inimigos.

10) O que Jesus disse a respeito de nossos inimigos? (Leia Lucas 6: 27-28.)

_____

_____

_____

PODER PELA ORAÇÃO

A oração da Aliança da Nova Aliança é um compromisso ou O compromisso com Jesus Cristo e um pedido para ser batizado no Espírito Santo. As lições anteriores prepararam você para entender esta oração. Você teve a oportunidade de estudar a base bíblica da oração. Seja na América, África, Ásia, Europa, América do Sul ou Austrália, vi Deus transformar vidas quando as pessoas são convidadas a entrar na oração.

Bridge for Peace Alicerce para a Cura

Embora Deus tenha me mostrado Seu poder transformador centenas de vezes, ainda estou espantado ao ver vidas mudadas diante de meus olhos simplesmente porque alguém pede a Deus para fazê-lo. As pessoas precisam de oração e muitas pessoas querem oração. Eu orei com pessoas entre as prateleiras de roupas em lojas de departamentos, nas pilhas de livros em bibliotecas, em estacionamentos, em ônibus, na rua, em salões de beleza e delicatessens. Encontre uma maneira de oferecer oração às pessoas. Você é o embaixador de Cristo.

Ore com as pessoas no telefone sempre que puder. É muito eficaz. Minha mãe tem oitenta e nove anos. A vida não é fácil para ela. Ocasionalmente, ela se sente para baixo e não quer sair da cama. Ela perde o desejo de comer e tomar a medicação. Quando isso acontece, meu irmão geralmente me chama para falar e orar com ela. Eu falo a ela sobre pessoas diferentes que estão orando por ela e então eu oro por ela. Lembro-me de um dia, quando eu terminei de orar, ela disse: "Ok. Eu acho que vou me levantar e tomar o café da manhã agora. "Eu descobri que o poder do Espírito Santo é liberado quando dizemos a alguém que estamos orando por eles.

O poder de Deus está pronto para tudo o que for necessário. A Oração da Aliança da Nova Aliança fornece orientações úteis para aqueles que ministram e para aqueles que precisam de oração. Esperamos que a Oração da Nova Aliança seja uma ajuda para você.

11) Faça algumas anotações sobre a Oração da Aliança pelo Sangue de Jesus. Você orou por si mesmo? O que aconteceu? Gostaria que alguém orasse com você? Se você não estiver em um estudo em grupo, ligue para a Ponte para a Paz e ficaremos felizes em orar com você.

_____

_____

_____

Alicerce para a Cura

Parte Três

Lição Um: Quatro Manifestações de Cura
Lição Dois: Qualificado para Ministrar
Lição Tres: Quando você não vê a cura
Lição Quatro: Coisas Maiores

Bridge for Peace Alicerce para a Cura

PARTE TRÊS

LIÇÃO UM

QUATRO MANIFESTAÇÕES DE CURA

Milagres não podem ser classificados ou comparados como maiores ou menores. Não podemos categorizar curas porem sabemos quando é um milagre por sua impossibilidade, consciente de que os milagres de Deus desafiam a classificação sabemos que é um milagre. Minha intenção não é criar categorias definitivas de cura, mas fornecer uma estrutura dentro da qual nós, com nossas habilidades limitadas, podemos pensar em milagres. Com base em minhas observações de muitos milagres, sugiro essas categorias "artificiais" de milagres como um auxílio à reflexão: cura natural, acelerada, condição irreversível invertida ao longo do tempo ou instantaneamente e libertação.

Espero mexer na sua memória e estimular seu pensamento a respeito de algumas das maneiras pelas quais você viu o poder de cura de Deus ser manifestado. Ao anotar as respostas, você cria um registro escrito para referência futura para a glória de Deus e seu encorajamento e edificação. Oro para que esta lição resulte em um novo alerta para o milagre do poder de trabalho de Deus, aumente a fé expectante, faça-nos ministrar com autoridade e dar esperança através de Jesus Cristo.

MILAGRES

Quando Ed e eu ministramos na Jamaica, Índias Ocidentais, recebemos um delicioso presente - uma libra de café "Montanha Azul" em um saco de linhagem (como um saco de batatas vazio) que nós imediatamente empacotamos em nossa mala. Imagine por um momento que o saco rasgou e os grãos de café derramados. Eu tinha ido para a casa de retiro estava na cozinha, procurando algo para conter os grãos. Se eu voltasse e encontrasse o saco intacto e cheio de grãos eu poderia ter dito, "Um milagre!"
No entanto, provavelmente todos nós experimentamos algo semelhante que não parece incomum. Nossa pele está cortada. Nós sangramos. Em questão de horas ou dias nossa pele está intacta, nosso sangue é substituído. Um milagre. Esperamos esta cura, mas, no entanto, é milagrosa.

Reconhecemos o trabalho extraordinário de Deus no que alguns consideram comum.

1) Em relação à cura física, como você definiria um milagre?

_____
_____
_____
_____

Bridge for Peace Alicerce para a Cura

As equipes da Ponte para a Paz operam em dons de cura física e emocional. Muitas pessoas foram curadas de medos, falta de perdão, pesadelos e outras condições. A cura interior muitas vezes é acompanhada de liberação emocional. A liberação pode ser na forma de lágrimas ou risos. Damos graças e louvamos a Deus por estas curas muito importantes para o interior.

Cura, um dom crucial e belo, é medido por uma sensação de bem-estar aumentado, relações restauradas, perdão, às vezes capacidade de dormir, etc Estas avaliações são na sua maioria subjetiva. Por esta razão, limito a discussão a curas físicas que podem ser medidas e observadas objetivamente.

Em 1 Coríntios 2: 4 Paulo diz que sua mensagem e pregação não foi com sábias palavras persuasivas, mas com uma demonstração do poder de Deus.

2) O que você acha que Paulo quiz dizer com uma demonstração de poder?

_____

_____

_____

É humano querer ter sucesso. No entanto, Deus não nos pede para determinar a nossa eficácia, mas obedecer a direção do Espírito. Quando seguimos a direção do Espírito Santo há um poderoso efeito. Poderíamos julgar nossa tentativa de pregar o evangelho como um fracasso total, baseado em resultados aparentes. No entanto, todo o céu pode estar aplaudindo que demos o passo obediente, porque Deus conhece o fruto.

Podemos ser encorajados pelas diferentes maneiras como Deus usou as pessoas nas escrituras, como no caso de Phillip e do etíope (Atos 8: 26-39). Deus quer usá-lo de uma maneira única. Compartilhe suas histórias, não os métodos, mas edificar a si mesmo e aos outros. Com esta base em mente, responda às seguintes perguntas.

3) Quando você experimentou a pregação efetiva do evangelho? Partilhe a sua experiência.

_____

_____

_____

4) Em sua experiência pessoal de compartilhar o evangelho com a família, amigos, colegas de trabalho, quando parecia que as pessoas eram mais afetadas?

_____

_____

_____

Bridge for Peace Alicerce para a Cura

A necessidade pessoal do poder de cura de Deus muitas vezes cria uma atmosfera receptiva onde as boas novas podem ser ouvidas. Quero compartilhar o evangelho com uma demonstração do poder do Espírito Santo. Para fins de discussão, sugiro quatro categorias de cura física milagrosa.

Essas categorias sugeridas não são abrangentes, mas sim um ponto de partida para fins de estudo.
Quatro categorias:
- **Natural**
- **Cura Acelerada**
- **Condição irreversível invertida ao longo do tempo**
- **Reversão instantânea de uma condição**

Muitos pensam que um milagre é exclusivamente uma reversão sobrenatural instantânea de:
A) uma condição que se espera seja curada ao longo do tempo (ferida cutânea, etc.)
B) uma condição de deterioração (artrite, etc.)
C) uma condição clinicamente irreversível (paralisia, etc.)
Ao observar e explorar o milagre, concluo que uma reversão sobrenatural instantânea de uma condição é uma definição muito estreita. À medida que ampliamos nossa experiência através do estudo, que o Espírito Santo nos oriente para uma definição de milagre.

PERSEVERANÇA

Algumas pessoas se desesperam se não experimentam reversão instantânea de sua condição. Muitas vezes aparentemente pequenas, mas verdadeiramente surpreendentes, as vitórias são negligenciadas. Lembro-me de uma mulher cuja criança autista, muitas vezes tinha grave dor abdominal os medicos não puderam diagnosticar. Ele foi levado às pressas para a sala de emergência. Após a oração, a digestão da criança melhorou e os idas para o hospital parou. A mãe expressou seu desânimo em relação a outros fatores na saúde de seu filho. Foi quando um membro da equipe Ponte para a Paz a recordou que a criança ja estava melhor e que as idas a sala de emergencia ja não eram necessária, então ela foi encorajada. Estamos gratos por ter visto outras vitórias na saúde de seu filho disse o nosso companheiro à mãe da criança.

Deus sabe que podemos ficar desanimados. A oração pode ser um trabalho árduo. Sua Palavra nos fortalece para avançarmos. É importante permanecer firmes e perseverar na oração para receber a cura (Efésios 6: 14-18). Às vezes, as pessoas têm sido desencorajadas de orar por outros por medo de que eles estão segurando falsas esperanças.

Um colega da Ponte para a Paz desejou visitar uma mulher que estava morrendo no hospital. A igreja de minha colega aconselhou-a a não orar pelo paciente, porque o marido do paciente era amargo e culpava Deus pela doença de sua esposa. E se eu orar e ela ainda morrer? Dividida entre seus sentimentos e o conselho, ela pediu minha opinião.

Compreendi o dilema, mas minha lealdade é com Jesus e Ele será meu juiz. Eu não vou ficar diante de um oficial da igreja, ou parente de ninguém no final, apenas diante de

Bridge for Peace Alicerce para a Cura

Jesus. Ele me disse para orar pelos enfermos. Faço como Deus me disse, proceda com sensibilidade e deixo o resultado para Ele.

Se um cônjuge está culpando Deus pela doença grave, é uma atitude injusta. Deus é nosso melhor amigo. Eu não vou permitir que a injustiça dite meu comportamento. A paciente era um membro da igreja e minha colega sentiram que ela iria querer oração. Meu amigo decidiu visitar e orar. Infelizmente para os amigos e familiares deixados para trás, o paciente morreu. Ela foi para o seu lar celestial e adora a Deus face a face. Embora a dama morresse, o coração de seu marido era comovido pelo fato de alguém ter vindo orar por sua esposa. Ele estava muito grato. Tocado pelo amor de Cristo através do meu amigo, ele tinha deixado ir a sua ira e permitiu que o Senhor o ministrasse. Meu amigo perseverou e todos foram abençoados.

Um serviço de cura foi realizado para casais que não podiam ter filhos e "Ranan", nosso ministério de música, foi convidado a liderar a adoração. A enorme igreja estava lotada e casais estavam fora das portas sem ter como entrar vendo uma maneira de se encaixar. As pessoas ainda estavam na fila para receber a oração depois da meia-noite. A angústia das mulheres era terrível. A atmosfera era tão intensa que o pastor teve que fazer uma pausa, algo que eu nunca tinha visto fazê-lo. Os casais foram incentivados a continuar a assistir ao serviço mensal até que eles conceberam.

No mês seguinte, o serviço foi repetido. Os bancos estavam apenas meio cheios. Alguns casais vieram testemunhar que tinham tido o bebe. O pastor que havia iniciado os serviços mensais estava muito triste. Balançando a cabeça, perguntou: - Onde estão eles? Eles já desistiram? Onde está a fé?

5) Como você se sente em encorajar as pessoas em circunstâncias dolorosas a perseverar para receber a cura? Como você se sente em orar pela cura de uma doença potencialmente fatal?

_____

_____

Além de assistir a um serviço de cura ou ter uma visita domiciliar com a finalidade de imposição de mãos, podemos orar individualmente por nos mesmos para que sejamos curados. Também é importante agradecer e louvar a Deus por nossa cura esperada.

6) Você acha que é importante encorajar os doentes a continuarem a orar pela cura? Dê suas razões para sua resposta.

_____

_____

_____

Bridge for Peace Alicerce para a Cura

Milagres naturais

Deus criou milagres em nossa existência cotidiana quando Ele nos criou. O homem nem sequer pode curar sua própria pele, mas a maioria dos cortes e contusões desaparecem através do projeto milagroso de Deus de nossos corpos.

7) Que milagres naturais você testemunhou?
___
___
___
___

Milagres Acelerados de Cura

Quando quebramos um osso, esperamos que ele vai curar e ser utilizável novamente. Esperamos recuperar de gripe ou febre e ser restaurado para a saúde. Esperamos uma dor de cabeça para ir embora. Uma cura acelerada é a saúde restaurada mais cedo do que o esperado pelo poder de Deus através da oração.

Nós oramos por pessoas em moldes por causa de ossos quebrados. Os moldes foram removidos mais cedo do que o esperado, já que os médicos observaram uma cicatrização acelerada. Podemos orar para reduzir os períodos de recuperação esperados.

Ed repentinamente ficou doente com gripe. Ele tinha congestionamento pesado e febre. Orei por ele por várias horas e ele foi visivelmente aliviado. O segundo dia ele melhorou novamente com a oração. Em poucos dias ele estava totalmente curado de uma gripe esperada para ter um período de recuperação de dez dias.

Esperamos que uma dor de cabeça passe rapidamente. Esperamos que eles acabem indo embora. Muitas pessoas foram curadas através da oração. Dores de cabeça pararam muito mais cedo do que o esperado. Alguns foram curados de condições de longa duração de dores de cabeça repetitivas.

8) Você testemunhou cura miraculosa acelerada?
___
___
___

Condição irreversível invertida ao longo do tempo

Oramos por uma jovem com doença celíaca, uma doença muito grave de digestão que pode levar à morte. Não há cura conhecida. Ela tinha perdido muito peso e estava extremamente doente. Ela se sentiu melhor depois da oração e testou a cura comendo

Parte Três- Lição Um
Quatro Manifestações de Cura

Bridge for Peace Alicerce para a Cura

um pouco de comida que anteriormente teria resultado em diarréia. Ela foi capaz de tolerar a comida. Quando voltamos para sua área no ano seguinte, ela parecia outra pessoa, com peso normal, e deu um belo testemunho de como ela estava totalmente curada!

Oramos por uma mulher cujos olhos estavam se deteriorando. Ela usava óculos com lentes grossas. Durante um período de meses, seus olhos melhoraram até que ela não precisou mais de óculos.

Depois de receber oração, as pessoas relataram que seus médicos têm reduzido e até mesmo eliminado medicamentos para a depressão e outras doenças mentais. Embora muita cura emocional e psicológica seja subjetiva, nestes casos temos evidências mensuráveis de cura.

Um médico especializado em reumatologia diagnosticou minha condição como artrite reumatóide. Eu tomava medicamentos, alguns dos quais tinham efeitos colaterais indesejáveis. Troquei a medicação até acharmos um anti-inflamatório que eu poderia tolerar. Eu tinha dor constante, função limitada, fadiga e fraqueza. Reduzi significativamente as minhas actividades para um
toleravel. O médico disse que eu tinha uma doença progressiva e incurável. Eu assisti a um serviço de cura e não senti nenhuma mudança após a oração naquela noite. Alguns dias depois, senti minhas juntas estavam um pouco mais leves. A cura progrediu até meses depois eu estava totalmente fora de todos os medicamentos prescritos e em pleno funcionamento novamente.

9) Você já viu ou ouviu falar de uma condição física irreversível invertida durante um período de tempo através da oração? Registre sua história aqui.

_____

_____

_____

_____

Recentemente, eu orei com um médica que tinha um músculo com problem. Ela disse: "Posso precisar de cirurgia". Depois da oração, ela não sentiu nenhuma mudança física, mas teve uma liberação emocional e revelou outras circunstâncias difíceis em sua vida.

Como ela não sentia nenhuma mudança física, eu a encorajei com meu próprio testemunho da cura da artrite reumatóide ao longo do tempo. No entanto, eu não queria que ela sentisse que só poderia acontecer depois do tempo. Eu não queria que ela pensasse que ela tinha que esperar por cura.

Meu companheiro de oração continuou a me encorajar e ao médico mencionando uma ocasião em que ambos oramos por um pastor associado. Ele tinha pneumonia e estava no hospital. Ele estava lutando para respirar novamente, mas não queria ir para emergência. Ele tinha estado em um serviço de cura da Ponte para a Paz e tinha visto um amigo curado. O amigo tinha recebido oração durante a noite naquela mesma noite a noite sua cura se manifestou. Quando oramos com o pastor associado experimentando pneumonia, ele se sentiu imediatamente curado, mas achou que não poderia acontecer até o dia seguinte. Então, ele não nos disse que ele foi imediatamente curado, mas esperou até a manhã seguinte para ligar com a boa notícia. Quando dissemos ao pastor que muitas pessoas são curadas imediatamente, ele disse: "Então, pode acontecer imediatamente?"

10) Quão importante você acha que seria dar testemunhos de curas e curas instantâneas ao longo do tempo? Por quê?

_____

_____

_____

Reversão Sobrenatural Instantânea de Condições

Muitas vezes testemunhamos milagres instantâneos. Quando não há nenhuma explicação médica para a cura de uma condição física muitas pessoas vão reconhecer intervenção sobrenatural. Vimos os milagres de Deus e Lhe damos toda a glória. Eu vou compartilhar os seguintes testemunhos

AUSTRALIA

Elena caiu de um degrau de mármore como uma menina, danificou sua espinha dorsal, e passou vinte anos em um aparelho para suas costas. Ela teve dificuldade em dormir à noite por causa da dor. Ela veio para a oração. O Espírito Santo moveu sua espinha em torno de alguns giros estranhos. Eu sabia que ela estava envergonhada, mas a encorajou a se mover com o Espírito Santo. Ela recebeu a cura do Senhor, sua desapareceu. Dez anos atrás, depois daquela oração, ela entregou seu aparelho de volta e ainda hoje é livre de dor.

Um ano depois, Elena rasgou seu tendão de Aquiles. O gesso do pé foi removido e na mesma noite ela veio para o nosso serviço de cura. Ela tinha rasgado seu tendão antes e o médico não esperava que ela seria capaz de mover seu tornozelo. Ela tinha um pedaço de tecido cicatricial que o médico disse que teria que ser removido cirurgicamente. Elena me perguntou: "Posso pedir ao nosso Senhor outro milagre?" Eu podia sentir o pedaço de tecido cicatricial no tornozelo de Elena. À medida que o poder do Espírito Santo se movia através dela, eu sentia o psiquiatra encolher! O poder milagroso de Deus a curou e ela começou a flexionar seu pé! No dia seguinte, o médico a repreendeu. "Você deveria vir me ver assim que removerem o elenco de gesso." Elena explicou. "Eles tiraram o gesso ontem", ela respondeu. "Isso é impossível. Você não poderia ter flexibilidade no seu pé ", disse ele. Elena disse-lhe que tinha ido a um serviço de cura e depois da oração ela poderia mover o pé novamente. Ela citou seu médico dizendo: "Eu vi outras pessoas curadas pelo poder da oração." Elena recebeu uma reversão sobrenatural instantânea e sua cirurgia foi cancelada.

Bridge for Peace Alicerce para a Cura

NEW YORK

Em Long Island uma senhora chegou a um serviço com o braço em uma funda tinha o tendão da munheca com uma rotura. Ao final do serviço, ela tinha se livrado da funda e estava levantando o braço sobre a cabeça.

NEW YORK

Uma mulher estava recebendo injeção de cortisona em uma base regular para a inflamação em seu tornozelo. Seu médico aconselhou cirurgia e disse que ele não seria mais capaz de dar a ela esses injeções de cortisona. Ela veio para oração de cura.

Descobrimos que ela também precisava de cura interior. Ela ouviu o ensinamento antes do tempo de oração. Ela queria receber Jesus como seu Senhor e ser batizado no Espírito Santo. Nós oramos juntos a Oração da Aliança pelo Sangue de Jesus. Ela começou a chorar e experimentou uma tremenda liberação emocional. Ela recebeu o Batismo do Espírito Santo e estava de olhos arregalados quando começou a falar em línguas. Ela começou a descansar no Espírito. Ela nunca tinha visto isso antes e estava assustada. Nós asseguramos a ela que era uma demonstração natural do poder de Deus. Depois de algum tempo ela se levantou. Eu perguntei, "Como está o pé?" "Eu tenho que tirar meu sapato para descobrir. Eu nunca posso andar de pés baixos. "Ela tirou os sapatos e caminhou ao redor do santuário de e estava espantada com o que Deus tinha feito.

BRASIL

Ed orou por Ferdinand, um menino adotado de onze anos. Sua mãe biológica teve sarampo enquanto Ferdinand estava em seu ventre. Ele nasceu surdo e mudo. Ed orou por ele por um momento, o poder de Deus se manifestou, e o menino estava ouvindo. Sua mãe o abraçou com alegria. Então ela apontou para si mesma e disse a ele, "Diga mamãe." Em sons de paragem eu falei, "Mama." Ela começou a chorar e a congregação explodiu adorando a Deus. Ferdinand chegou à Ponte para a Paz na semana seguinte em Fortaleza, Brasil. Queixou-se que a música era demasiado alta!

11) Você já viu ou ouviu falar de uma condição irreversível curada sobrenatural instantaneamente? Registre a história aqui.

_____

_____

_____

_____

_____

_____

Bridge for Peace Alicerce para a Cura

Libertação

Às vezes, quando você não vê uma mudança, sinais de cura imediatamente após a oração, a opressão demoníaca pode ser a raiz da doença. Quando o Espírito Santo nos mostra que há atividade demoníaca, devemos expulsar o demônio. Jesus disse que todos os crentes devem fazer isso.

Jesus diz aos discípulos o que esperar em Marcos 16: 17-18. A vida de Jesus Cristo foi caracterizada pelo poder do Espírito Santo. Ele nos diz para esperar o mesmo estilo de vida de expulsar demônios, falar novas línguas, proteção divina e cura.

12) O que você acha mais desafiador sobre Marcos 16: 17-18? As palavras de Jesus são reconfortantes, tranquilizadoras ou excitantes? Explicar. (Leia Marcos 16: 17-18.)

_____

_____

_____

_____

Às vezes, eu conheci pessoas em serviços que lutam com preguiça, peso, depressão, ou outras doenças. Eles crêem em Jesus Cristo como o único Filho de Deus e pedem para receber Sua cura. Oramos, mas eles não experimentam mudanças. Então, oramos a Oração da Aliança da Nova Aliança pelo Sangue de Jesus. Durante a oração, eu descobri que eles estão envolvidos com o ocultismo coisas como horóscopos. As colunas do Horoscope proliferam em jornais e em sessões de revista. As pessoas que os lêem muitas vezes se surpreendem ao descobrir que essas predições são classificadas pela Bíblia como atividades ocultas. Quando se arrependem, muitas vezes vemos mudanças dramáticas.

Uma pessoa pode queixar-se de dor no pé, receber oração, ser totalmente aliviado de dor no pé, mas depois se queixam de dor nas costas. Dor que se move em torno do ombro para o quadril para a cabeça pode sinalizar um espírito de enfermidade ou um espírito de dor. A dor não diagnosticada ou outras condições também causam atividade demoníaca. Nós ordenamos o espírito das trevas a sair em Nome de Jesus Cristo e através do poder de Deus a pessoa é muitas vezes instantaneamente libertada do seu problema.

Um homem de aparência alta e distinta, com cabelos grisalhos, veio para a oração de cura. Ele era um quiroprático e ele tinha um problema debilitante doloroso com problemas conectivos tecido em suas mãos. Os dedos do médico estavam retorcidos e havia Nódulos sob sua pele. Foi uma visão terrível.

"Qual é a sua condição?", Perguntei. Ele me deu um diagnóstico. Eu nunca tinha ouvido falar da doença. O nome tinha tantas sílabas, nem sequer conseguia repetir o que o médico dissera.
"O que é?", Perguntei-me em voz alta. Herman, meu parceiro de oração,

Bridge for Peace Alicerce para a Cura

Respondeu: "É um espírito." Eu disse: "Você está certo!" Como é bom ter um parceiro de oração exigente! Nós comandamos o espírito demoníaco tinha que sair em nome de Jesus Cristo. O médico disse. Eu senti algo seus dedos ainda estavam torcidos, mas parecia que ele estava livre do espírito e só precisava de oração de cura agora para restaurar sua mãos. Oramos por cura. Seus dedos relaxaram e se abriram.

Perguntei ao médico: "O que você acha?" Ele respondeu: "Muito impressionante. "Eu ri para mim mesmo. "Impressionante" foi a última coisa que eu
Esperava ouvi-lo dizer, mas Jesus Cristo é muito impressionante. Nós pedimos ao médico para testemunhar e ele se levantou diante dos que estávamos reunidos.
Ele levantou suas mãos curadas e contou sua história. Este composto majestoso
cavalheiro começou a chorar abertamente. Ele testemunhou que sua doença era
genético. Ele tinha visto o que tinha acontecido com outros membros da família. Ele disse que seus dedos teriam continuado a torcer até que suas mãos fossem como garras inúteis. Ele deu glória a Deus.

> **Toda cura é um milagre, se é o que consideramos "natural" ou uma reversão total da ordem natural.**

13) Você testemunhou uma libertação física ou emocional milagrosa?

_____

_____

_____

Toda cura é um milagre, se é o que consideramos "natural" ou uma reversão total da ordem natural. Damos glória a Deus por toda cura

PARTE TRÊS

LIÇÃO DOIS

CAPACITADO PARA MINISTRAR

Quem está qualificado para ministrar a cura? Para responder a essa questão, devemos examinar as escrituras e considerar as atitudes atuais: pesando nas evidências apresentadas, suposições e preconceitos culturais, ouvir o Espírito Santo com mais clareza. O ministério de cura tem responsabilidades intrínsecas que consideraremos nesta lição. Vou mencionar alguns pontos práticos de ministério para reflexão.

O Espírito Santo decide quem está qualificado para ministrar a cura. Qualquer tentativa de anular o Espírito terminará em desastre.

Muitas igrejas, grupos de oração e outras comunidades desenvolveram critérios para seu ministério de cura decidir quem está qualificado para ministrar. Nos melhores casos, estas diretrizes são desenvolvidas para a proteção daqueles que vêm para a cura, bem como daqueles que oram por eles. Pense por um momento sobre quem você consideraria qualificado para ministrar. O que você gostaria de ver em alguém que estava ministrando oração de cura para você? Que qualidades os ajudariam a ganhar sua confiança? Você precisaria ter algum nível de confiança para se abrir para receber ajuda deles. O que ajudaria você a receber?

1) Quem você considera qualificado para ministrar a cura? Explicar.

_____

_____

_____

A oração curativa é muito pessoal. É sábio buscar o Senhor sobre quem permitimos ministrar a nós, independentemente de suas qualificações. Passe algum tempo orando e pensando em quem você permitiria ministrar a você.

2) Quais são os seus critérios para aqueles que rezam por você? De quem você estaria disposto a receber oração de cura?

_____

_____

_____

Bridge for Peace Alicerce para a Cura

As Escrituras mostram que Jesus Cristo qualifica os cristãos para curar os doentes. Ele chamou Seus discípulos e deu-lhes autoridade para expulsar demônios e curar os enfermos. (Mateus 10: 1)

Enquanto ministrava na África Ocidental, nosso anfitrião me disse que nosso grupo de oração Ponte para a Paz da Paz havia virado o mundo de cabeça para baixo naquele lugar, porque somente Pastores ou Sacerdotes era considerado qualificado para orar pelos enfermos. Quando as pessoas viram o Senhor Jesus usando a equipe da Ponte para a Paz para curar as pessoas em Seu nome, eles insistiram que devemos então ele insistiram, vocês devem ser sacerdotes ou pastores. Na verdade, embora tenhamos explicado que não éramos pastores, eles acharam difícil acreditar em nós. Foi-nos dito em uma área que visitamos que os cristãos foram proibidos de orar pelos doentes.

3) Você foi encorajado como cristão a orar pelos enfermos? Descreva.

___

___

___

Parte do nosso trabalho em nosso ministério é equipar os outros e encorajá-los em seu talento, especialmente na área de cura. Quando uma pessoa pede oração pelo dom da cura, eu pergunto: "Você recebeu o Espírito Santo?" Se eles responderem afirmativamente, asseguro-lhes que têm o dom de curar. O ministério de cura irá testar nosso amor, paciência, humildade, fé, compaixão, perseverança e outros aspectos do caráter. Servir no ministério de cura pode nos ajudar a desenvolver a virtude divina se ouvimos o Espírito Santo, estabelecemos nossa agenda e obedecemos a Ele.

4) Que provações você experimentou através do ministério de cura ou como você poderia esperar que Deus o testasse através do ministério de cura?

___

___

___

INICIANDO NO MINISTERIO DA CURA DIVINA

As pessoas muitas vezes me perguntam como começar no ministério de cura. O Espírito Santo pode estar movendo um desejo em você para começar a orar pelos enfermos. Ou talvez você tenha anos de experiência, tenha visto muitos sinais e maravilhas de Deus, e deseja treinar outros ou construir uma equipe para orar pelos efermos. Em Bridge for Peace, encontramos estas etapas úteis quando você se sente chamado para começar.

O inexperiente desejoso de colocar as mãos sobre os doentes pode se sentir compreensivelmente incómodo e inseguro como começar. O treinamento pode nos ajudar a deixar que o Espírito santo venha a fluir.

Bridge for Peace Alicerce para a Cura

Para se juntar a uma equipe de oração da Ponte para a Paz, podemos pedir-lhe para vir a um serviço, sentar-se na primeira fila, observar uma equipe ministrando e orar pela pessoa em necessidade. Todos são convidados a ministrar orando em seus assentos para pessoas necessitadas.

Você pode então vir a vários locais diferentes onde Bridge for Peace está orando por pessoas. Depois de assistir os serviços de cura da Ponte para a Paz, orando em seu lugar e observando a imposição de mãos, podemos pedir que você se junte a uma equipe, concorde com eles na oração e observe. Você observaria de perto a equipe.

O líder da equipe pode pedir-lhe para observar e concordar em oração, mas não para colocar as mãos. Nós não queremos oprimir uma pessoa por ter várias pessoas colocar as mãos sobre eles. Nós preferimos não mais de duas pessoas colocar as mãos em alguém. Quando o líder da equipe vê a sua capacidade de respeitar sua direção, você pode ser convidado a orar verbalmente como o Espírito Santo leva você.

Ed e eu aprendemos da mesma maneira, observando pessoas que operavam no dom da cura, lendo e discutindo a Palavra como ela. Foi assim que Jesus treinou Seus discípulos; Nós achamos que Ele continua treinando desta maneira. Quando as perguntas surgem de uma situação de campo, buscamos as respostas do Senhor em conjunto e nos aconselhamos através da Palavra.

Se você se sente chamado a colocar as mãos sobre os enfermos, encorajo-vos a orar pelos membros da família e amigos em necessidade, colocando as mãos sobre eles. Se você continuar a se sentir chamado a servir na area da cura, você pode pedir ao Espírito Santo para guiá-lo para uma equipe de oração ou mentores que possam te auxiliar.

5) Todos nós estamos sendo treinados pelo Espírito Santo, não importa o quão confortável ou desconfortável que sentimos em orar pelos enfermos. Você tem um sentido de onde o Espírito Santo está desafiando você agora em termos de orar pelos outros? Descreva

_____

_____

_____

QUALIFICAÇÕES DO MINISTRO CHEIO DO ESPIRITO SANTO

Durante uma missão, a equipe da Ponte para a Paz treinou as pessoas na cura usando o padrão que detalhei acima. Os nossos anfitriões levantaram uma pergunta sobre as qualificações dos formandos.

Pela aparência humana, alguns dos estagiários vestiam-se "de forma diferente", mas eles eram modestamente vestidos, então não tivemos nenhum problema com sua aparência. Alguns estagiários tinham conceitos que pareciam incomuns. Podemos ter discordado de algumas de suas práticas ou "maneiras" de ministrar aos enfermos. No entanto, eu encontrei cada estagiário aberto para ser ensinado, não afirmando o seu próprio ponto de vista, mas dispostos a estar em acordo na oração e fazer perguntas mais tarde.

Parte Três - Lição Dois
Capacitado para Ministrar

Bridge for Peace Alicerce para a Cura

Alguns estagiários foram encorajados pelo líder da equipe de oração a expressar verbalmente sua oração, enquanto o líder estava de pé para concordar e ajudar quando necessário. Se o estagiário se mudou para um território inaceitável, o líder da equipe de oração assumia a liderança e o aprendiz se apresentaria ao líder da equipe de oração mis tarde. Nem sempre é fácil progredir dessa maneira, mas eu senti que tudo estava em ordem.

Nossos anfitriões definiu os locais e se sentiram responsáveis pelas pessoas nas reuniões. Eles estavam preocupados, sentindo que alguns dos estagiários não deveriam ministrar e que eles como líderes deveriam ser os únicos a orar sobre os outros.

Esta era uma situação extremamente dolorosa para mim. Embora se pudesse dizer que sua preocupação era lógica, senti-me entristecido pela sensação de exclusividade e temia afligir o Espírito Santo. Percebi que o Espírito Santo queria que esses formandos fossem levantados em oração e orassem pelos enfermos. Eu estava certa de que os formandos eram escolha de Deus, Sua escolha, e eu não ousava interferir com o Espírito Santo. Se eu fizesse.

O Espirito Santo não escolhe por aparência ou por lo que é "aceitável" o suficiente para ministrar pelos padrões humanos. Eu não poderia, não poderia, arriscar ferir o Espírito Santo para ganhar a aprovação de nossos queridos anfitriões que foram tão gentis para nós. A Palavra diz: "Não apaguem o Espírito Santo" "Não extingais ao Espírito Santo" (1 Tessalonicenses 5:19). O tempo mostrou que um espírito de dominação governava no grupo que eles estavam escolhendo quem faria e quem não. Fiquei grato ao Espírito Santo por ter mo mostrado a verdade e que somente a Deus devo submeter-me.

A Bíblia nos mostra que o Espírito Santo é muito sensível e não permanecerá onde os seres humanos insistem em controlar as coisas. Se permitimos que o Espírito Santo ordene as coisas, Ele nos dará discernimento, nos advertirá varias vezes. A cura é o ministério do Espírito Santo e perderemos Sua gloriosa Presença se tentarmos manipular o ministério de cura. O Espírito Santo protegerá firmemente a pureza de Seu ministério afirmando-nos e corrigindo-nos, instruindo-nos e exortando-nos a crer para coisas maiores aconteçam. Nosso trabalho é ouvir e submeter ao Espírito Santo.

Devemos nos lembrar dessas palavras ao educar outros no ministério de cura; não havia nada de atraente sobre Jesus Cristo, nada para fazer com que alguém olhasse para Ele duas vezes. Não havia nada sobre Sua aparência para atrair (Isaías 53: 2b). Os sumos sacerdotes, estudiosos religiosos e líderes tentaram intimidar Jesus e desqualificá-Lo de ministrar (Lucas 20: 2).

O profeta Samuel quase caiu na armadilha de rejeitar a escolha de Deus quando ele avaliou a habilidade de Davi por sua aparência. (Leia 1 Samuel 16, especificamente observando o versículo 7.) A mesma luta continua hoje. Eu quero esta nas fileiras do exercito de Deus.

6) Você já enfrentou alguma situação onde teve a orientação do Espírito Santo na situação? Incluindo pessoas que usaram qualquer tendência para te desqualificar com base na aparência auto-avaliada, por dentro ou pela sua aparência?

Bridge for Peace Alicerce para a Cura

O DOM DA CURA

Às vezes as pessoas me perguntam se eles têm o dom de curar. Eles sentem Deus dizendo-lhes que serão usados na cura. Eu sempre encorajo as pessoas a servir a Deus e aos outros através do dom da cura. A Palavra diz que o Espírito deu e ate hoje dá dons de cura aos discípulos de Jesus (1Coríntios12: 4-11).

Compaixão, perseverança e fé são necessários para a imposição de mãos para ver os enfermos receberem a restauração se sua saúde. Para ministrar aos enfermos, é necessário o dom de amor. Sem amor, não somos nada. Sem amor, não haverá nenhum fruto do Espirito que permaneça. As pessoas se submetem a Deus e permitem que Ele desenvolva a virtude dentro ou recuem do ministério de cura. A submissão ao Espírito Santo um no outro é também crucial. As histórias seguintes abordam a importância do amor e da submissão.

SUBMISSÃO

Em fevereiro de 2006, Mark veio a Ciao Roma - a um evento para gerar fundos para nossa missão em Roma. Ele ouviu que a Bridge for Peace estava indo para Uganda em abril. Mark sentiu seu coração disparar. Ele esteve em outra missão antes, mas nunca em África. Ele queria ir para a África por algum tempo, mas não tinha tido uma oportunidade. Naquela noite, Mark perguntou a Ed se ele poderia vir para ajudar a carregar as malas ou o que fosse necessário. Ed e eu buscamos o Senhor e Deus nos disse através de várias escrituras que Marcos era "um escolhido". Quando ouvimos o Senhor, tínhamos plena confiança de que Marcos era a escolha de Deus para a equipe.

Congratulamo-nos com Mark para participar da missão. Mark estava junto com uma líder de oração da equipe feminina muito mais jovem que ele. Enquanto Mark estava orando, ela sentiu que era melhor não tomar a oração na direção que ele estava indo e expressou cautela. Ele nos disse mais tarde que ele pensava que seu parceiro de oração era um "jovem mandão". Afinal de contas, quem era ela para dizer a ele como orar? No entanto, Marcos decidiu se submeter e a oração foi redirecionada.

Naquela mesma manhã, oraram por Hilda, uma mulher que estava deitada em uma esteira por dezoito anos com uma dor terrível, incapaz de andar. Após a oração, ela se levantou curada e dançou fora de seu quarto e subiu os degraus para a plataforma. Todos que a conheciam ficaram surpresos. Mark disse que ele se pergunta o que teria acontecido se ele não tivesse se submetido. O resultado pode ter sido discórdia e ressentimento. Hilda e outros seriam curados?

7) Como é que você se submeta a alguém em autoridade? Explique.

_____

_____

_____

Bridge for Peace Alicerce para a Cura

O AMOR

Gálatas 5 discute o fruto do Espírito. As pessoas às vezes julgam o "fruto" do ministério por quantas pessoas foram estiveram presente em sua reunião para serem curadas. Mas Deus chama de fruto do Espírito o amor, a alegria, a paz, a paciência, a benignidade, a bondade, a fidelidade, a mansidão (descritas como mansidão e humildade) e o autocontrole. Deus produz esse fruto em nós enquanto servimos na equipe de cura. O amor é o primeiro mencionado, e o maior presente (1 Coríntios 13). A Presença de Deus dentro de nós começa com o amor e desenvolve o amor incondicional. Quando servimos com amor, Deus é glorificado.

Violet morava em um lar de idosos e precisava de cirurgia no joelho por sua condição física uma situação muito dolorosa. Ela tinha uma preocupação em seu coração de que os médicos não operariam por causa de seu problema de circulação. Suas pernas terrivelmente inchadas pareciam de madeira. Usava meias elásticas ate os tornozelos. A enfermeira que a acompanhava disse que Violet tinha demência. Meu companheiro e eu começamos a orar por Violet. Pedi permissão e colocamos as mãos nos tornozelos. Depois de algum tempo, o inchaço reduziu-se e as meias elásticas deslizaram por suas pernas chegando ate seus pés!
Perguntei a Violet: "Como estão suas pernas?"
Ela me respondeu: "Minhas pernas não me incomodam. São meus joelhos.
"Oh! Ok, então e como estão os seus joelhos?
Violet começou a bater em seus joelhos. "A dor se foi! Sem dor! Não há mais dor! "
"Bem, vamos lá. Vamos dar uma volta - eu disse.

Violet começou a andar, deixando sua bengala no banco. - Não preciso da minha bengala. Olha, eu posso andar, eu posso andar! "Ela começou a andar pelo perímetro de toda a igreja. O povo aplaudiu ao Senhor Jesus Cristo. Todos podiam ver a manifestação milagrosa. Conversamos enquanto caminhávamos e Violet era coerente. Ela olhou para o céu e agradeceu ao Senhor. Quando voltamos para a frente da igreja, Violet disse: "Eu posso dançar!"
"Ok, Violet! Vamos dançar!"
"Eu não sei como!"
A alegria do Senhor era evidente nela. Sentiu tanta alegria em seu espírito que sentiu que podia dançar

Na noite seguinte, Desiree, que havia feito parceria comigo, chegou para servir junto com a equipe. Ela disse: "O que aconteceu na noite passada foi incrível. Foi uma das coisas mais incríveis que já vi na minha vida. "Eu concordei," Foi absolutamente incrível o que Deus fez! " Ela disse: "Não, Annette. Você não entende. Eu não estou me referindo a perna que desinchou, tampouco da dor nas pernas que desapareceu, nem mesmo fato de que ela não precisa mais de sua bengala, ou que a demência parecia ter desaparecido. Eu não quero dizer nenhuma dessas coisas. Eu quero dizer o amor no ministério. "O que moveu seu coração não foi o milagre, mas o amor demonstrado a Violet.

Se o ministério de cura não é realizado com amor e humildade, quais são as motivações para servir? Gálatas 5:26 diz: "Não sejamos vangloriosos e egoístas, competitivos e desafiadores, provocando e irritando uns aos outros." Sem a unção de Deus, características negativas aparecerão rapidamente no ministério de cura.
Quero afirmar o óbvio: no ministério de cura, lidamos com pessoas que estão doentes. Alguns se sentem mal ou sofrem de dor que pode torná-los irritáveis e abruptos. Alguns

tentaram tudo e estão em desespero. Eles vêm para que oremos porque não há mais nada para tentar. Outras pessoas com doença não sentem nenhum sintoma, mas sua ansiedade sobre sua condição ou medicação são a causa mudanças de personalidade.

Nós ministramos frequentemente aos povos que são amedrontados, frustrados, e a paciência chegando ao limite. São pessoas que precisam de compaixão, misericórdia e amor. Se as pessoas estão no ministério de cura para sua própria glória ou por razões egocêntricas ou competitivas, por razões de inveja ou ciúme, elas serão eliminadas porque não satisfarão seus egos por meio do ministério de cura. Um ministério de cura vibrante é caracterizado pelo fruto crescente nos ministros - amor, paciência e alegria (Gálatas 5).

8) Você já acompanhou uma pessoa doente em oração ou não? Como foi a experiência? Qual foi o impacto final em seu espírito? Existe alguma coisa que você gostaria de fazer diferente se a ocasião surgir?

_____
_____
_____
_____
_____
_____

ABUSOS

Deus não está satisfeito com os danos causados ao corpo de Cristo através do ministério de cura. Nunca devemos julgar ou condenar. Às vezes, desesperadamente, as pessoas dizem que não estão curadas porque não têm fé, ou têm "pecado escondido". O doente então tenta desesperadamente descobrir o "pecado oculto". Eles se preocupam, "Como faço para ter mais fé?" Se um doente vem procurar a libertação pelo poder do Sangue de Jesus Cristo acaba se afastando com medo julgado ou condenado, e então não serviremos a Deus nem à pessoa necessitada.

I've often encountered the following scenario. A woman asks for prayer for emotional healing. She says she's been sexually abused, but has no memory of it. I ask, "How do you know that happened?" She replies, "Someone prayed over me last week and told me they "sensed" sexual abuse was the root of my problem." I have met people who have been tormented for years by something spoken to them when they came for healing.

Na minha experiência, a palavra profética de Deus ou a palavra de conhecimento do Espírito Santo vem trazer cura ou convicção através da correção. Palavras como no exemplo acima trazem dor, medo, desespero e terror. A palavra de Deus vem com o poder da libertação. Se alguém anda afastado ou sai com um problema pior do que veio, isso é abuso espiritual. Pelo Sangue de Jesus eu oro pela cura daqueles que foram abusados espiritualmente.

9) Você teve uma experiência negativa ao procurar ajuda através da oração? Explicar.

_____

_____

_____

ALGUMAS RESPONSABILIDADES AO MINISTRAR A ORAÇÃO DE CURA

Ponte para a Paz normalmente ora por cura após uma mensagem bíblica e testemunhos da equipe. Por exemplo, talvez a mensagem tenha sido: "Um Deus extraordinário em um mundo ordinário". Quando eu começo a orar pelos enfermos depois da mensagem, eu incorporo palavras do ensinamento tanto quanto possível. Eu poderia orar: "Deus, o Senhor é extraordinário, esta doença é comum. Eu libero seu poder extraordinário para a cura desta doença ordinária. "As equipes de Ponte para a Paz descobriram durante o ministério de oração que falar a Palavra que ressoa com eles a partir da mensagem muitas vezes resulta em uma rápida manifestação visível da Presença de Deus. O Espírito pode mostrar Seu poder em tremores, na sensação de calor ou frio! Se não houver nenhuma mensagem e Deus falou com você em seu tempo de oração pessoal, use a palavra que Deus lhe deu, escritural ou pessoal, conforme o Espírito conduz.

Numa linha de cura nunca queremos "liderar" a resposta de uma pessoa. Pergunte: "Há alguma mudança?" Ao invés de dizer "Parece que há mais flexibilidade no seu pé." A maioria das pessoas que vêm para a cura são pessoas sinceras. Eles querem ver o poder de cura de Deus em suas vidas. Às vezes as pessoas dizem que seu problema melhorou porque sentem pena do ministro de cura que tem orado por tanto tempo. Queremos ter certeza de que as pessoas dão uma avaliação honesta de sua situação e possuem a mudança para que Deus seja glorificado.

A pedido de sua filha, visitei recentemente um homem idoso no hospital que acreditava em Deus, Ele tinha caído e isso provocou uma longa hospitalização envolvendo cirurgia, pneumonia, etc. Orei com ele por algum tempo e ele disse: "É melhor você ir para casa agora. Você tem orado por tanto tempo. Você deve estar cansada. É melhor você ir para casa. " A esposa e a filha estavam lá. Nós todos sorrimos e respondemos, explicando eu eu estava feliz de estar orando com ele. Você pode encontrar esta mesma objeção ao orar por pessoas quando elas necessitem da cura.

Não é incomum para aqueles que vêm voce orando por muito tempo vir e poder desculpas. Respondemos que Deus quer ministrar a eles, é nosso prazer servir a Deus e a eles no ministério, e não estamos preocupados com o tempo.

Queremos que as pessoas sejam capazes de dar um testemunho para glorificar a Deus. Incentive as pessoas a crer e a receber, então perseverar como o Espírito Santo os leva. Lembre-se, há um momento certo para terminar a oração. É nossa responsabilidade desenvolver continuamente a sensibilidade para saber quando o Espírito está levando você ao fim. À medida que você aprende a obedecer a Deus no tempo apropriado para terminar a oração, você reconhece que a cura é sobre o Seu poder não o comprimento da oração. Ao fazê-lo, você não vai esgotar-se ou cansar os que vêm para a oração.

Bridge for Peace Alicerce para a Cura

No ministério de cura nós deixamos o médico da pessoa dar o resultado. Nós nunca dizemos às pessoas que eles estão curados, eles nos dizem. Nunca aconselhamos sobre dieta, medicação, exercício ou outras preocupações médicas. Na verdade, nunca aconselhamos que devem parar com os medicamentos ou intervenções medicas. Nossa responsabilidade é liberar o poder do Sangue de Jesus.

10) Nós examinamos as escrituras como ela se relaciona com ministros da cura e alguns pontos práticos. O que você ouviu o Espírito Santo dizendo como você estudou? A voz do Espírito afirma ou desafia suas percepções de suas próprias qualificações pessoais ou das qualificações de outros para ministrar? Explicar.

_____

_____

_____

_____

_____

_____

PARTE TRÊS

LIÇÃO TRÊS

QUANDO VOCÊ NÃO VÊ A CURA

À medida que os alunos procuram a orientação do Espírito Santo, começamos a examinar a questão: "Por que não vemos todos curados?" Aqueles que estão no ministério de cura e aqueles que procuram a cura acabam por lidar com essa questão. Quando um ente querido morre, alguns lutam com esta questão. Pessoas feridas pode fazer esta pergunta. Estude esta lição com muita atenção. Comecem com oração, humildade e espírito sensível. Peça ao Espírito Santo que dê entendimento e revelação.

Estudaremos as escrituras relacionadas e examinaremos as leis espirituais. Ofereço exemplos de atitudes observadas na vida real para auxiliar nosso estudo. Felizmente, essas histórias verdadeiras aparentemente contrárias estimularão a discussão e o estudo em oração. Sabemos que a cura depende de Deus, não de nós. Nosso objetivo ao estudarmos a Escritura é ajudar as pessoas a escolherem receber a cura, nunca a condená-las.

MORTE

A morte traz dor aos sobreviventes e muda vidas para sempre. Aproxime-se do tema com ternura e compaixão. Não estamos lidando em resumos, mas com sofrimentos humanos.

Pense no nosso Senhor. Jesus Cristo morreu aos 33 anos, o que chamaríamos de morte prematura. Pense em Sua mãe, Seus amigos. Podemos pensar que Cristo morreu prematuramente, mas Sua morte, como Sua vida, estava em perfeito ritmo com a vontade de Seu Pai. Há um tempo marcado para nós morrermos. Lembre-se, o plano original de Deus para nós era o paraíso, ou o que eu chamo de Plano A. A vida em um mundo caído e a morte não foi escolha de Deus para nós. Estamos todos vivendo Plano B (Gênesis 3:22, Salmo 90:10).

As conseqüências da rejeição da humanidade a Deus incluem o luto da morte daqueles que amamos, e às vezes de estranhos, quando tragédias mundiais tocam nossas vidas. À medida que você ora pelos enfermos en situação crítica e os que não têm solução, verá milagres e terá o privilégio de viver uma nova vida. Os muito idosos, que estão prestes a encontrar Deus face a face, também precisam de orações para uma morte pacífica.

Quando oramos para que os enfermos críticos sejam curados e morram, as reações diferem. Alguns respondem com sentimentos fortes, outros ficam entorpecidos. Alguns entram em um relacionamento mais profundo com Deus, outros culpam a Deus. A culpa pode ser dirigida a Deus, a si mesmos, à família, a equipe medica ou à pessoa que morreu. Tenho visto pessoas que se afastaram de Deus bruscamente pelos resultados de perda de um ser querido.

Bridge for Peace Alicerce para a Cura

1) Você já orou com fé para alguém ser curado, mas a pessoa morreu? Explique

___

2) Como você se sentiu?

___

3) Como você se sente sobre isso agora? O que ajudou / impediu você quando lidando com a situação? Você sentiu alguma paz com relação à experiência? Explicar.

___

Sempre que oramos por alguém que morre, é bom pedir ao Espírito Santo, o Consolador, que nos ministre e receba a cura. O Espírito Santo aguarda nosso convite.

CHAMADOS PARA AJUDAR

Às vezes, quando não vemos cura, há uma tendência a culpar as pessoas. Ouvi pessoas dizerem: "Ela não está curada. Porque ela não tem fé suficiente". Ou," eu sinto que ele temum problema com a falta de perdão, é por isso que ele não está curado."

É um grande erro dizer as pessoas o motivo porque elas não receberam a cura. É um grande erro acreditar que somos especialistas em saber o porque não receberam a libertação, nós não sabemos o motivo. Somos discípulos, seguidores, estagiários. Quando Deus expressamente revela essa informação para nós em relação a outro, devemos recebê-lo humildemente. Se Deus dá entendimento sobrenatural de uma informação, devemos ajudar essa pessoa a ser libertos, não condená-los. Leia a escritura para descobrir maneiras de ajudar as pessoas, não julgá-las.

> **Leia a escritura para descobrir maneiras de ajudar as pessoas, não julgá-las.**

Nunca discutir as situações das pessoas entre amigos, quer dentro de uma equipe de oração ou com qualquer outra pessoa. O ministério de cura e libertação é confidencial; Nunca tratá-lo como comum. Lembre-se do preço que Jesus pagou por cada um de nós. O amor extraordinário de Deus faz de cada um de nós sua preocupação central.

Bridge for Peace Alicerce para a Cura

Há momentos e lugares para discutir corretamente situações na linha de cura tanto para aprender como para ensinar. É apropriado compartilhar várias situações de cura para uma oração adicional para a pessoa ou para si mesmo, para uma compreensão maior para si e para aqueles que estão no ministério de oração, ou para dar glória a Deus.

4) Onde você compartilha suas experiências de cura no Nome de Jesus? Você é aceito lá? É um lugar onde você pode crescer? São suas necessidades para explorar livremente se reuniram naquele lugar? Você precisa necessita mudar de lugar ou você precisa colocar um sistema de apoio nesse local?

_____

_____

_____

FALTA DE PERDÃO

A filha de um amiga minha morreu em um acidente de carro. Ela se recusou a perdoar o outro motorista e foi consumido com o desejo de vê-lo na prisão. Ela se tornou cada vez mais amarga e vingativa. Seu corpo começou a inchar e ela apareceu grávida. O problema de saúde dela não foi diagnosticado. Ela foi hospitalizada. Ela permaneceu sem diagnóstico e ficou mais doente. Ela morreu no hospital.

> **Se Deus dá entendimento sobrenatural de uma informação, devemos ajudar essa pessoa a ser libertos, não condená-los.**

Podemos encontrar uma pessoa que não está disposta a perdoar. Eu observaram em mim e em outros que a falta de perdão ificulta a cura. Se eu me recuso a perdoar alguém, Não pode ser curado. Se eu me agarrar ao ressentimento, ele cresce. Nosso trabalho é perdoar e ajudar os outros a alcançar. Um ponto onde eles podem perdoar, não julgá-los.

5) O que você poderia fazer para ajudar alguém que diz que não pode perdoar?

_____

_____

FÉ

Quando não vemos cura, às vezes as pessoas culpam a fé. Estude as escrituras a seguir e pense sobre o impacto da fé na cura.

6) O que Jesus fez em João 11: 43-44? (Leia João 11: 1-51.)

_____

_____

_____

Parte Três - Lição Três
Quando Você Não Vê a Cura

Bridge for Peace Alicerce para a Cura

7) A ressurreição de Lázaro depende de sua fé? Explique sua resposta.

8) E quanto às outras pessoas neste exemplo? O que eles fizeram? Eles tiveram fé para a ressurreição de Lázaro?

9) Qual o papel da fé?

10) O que Jesus fez quando visitou Nazaré, Sua cidade natal? (Leia Marcos 6: 1-6, Mateus 13: 54-58.)

11) O que o povo de Nazaré disse?

12) Qual foi sua resposta de fé?

13) O que Jesus disse?

14) A Bíblia descreve os sentimentos de Jesus em Marcos 6: 6. O que diz?

15) Qual o papel da fé?

Parte Três - Lição Três
Quando Você Não Vê a Cura

Bridge for Peace Alicerce para a Cura

16) Quem era Jairo? (Leia Marcos 5: 21-42.)

_____

_____

17) O que Jairo perguntou e o que isso diz sobre sua fé?

_____

_____

18) O que os mensageiros disseram? O que isso diz sobre sua fé? (Leia v.35.)

_____

_____

19) Como Jesus respondeu aos mensageiros?

_____

_____

20) Como você se sente sobre a resposta de Jesus aos mensageiros?

_____

_____

21) Que duas coisas Jesus perguntou a Jairo?

A)_____

B)_____

22) O que a multidão fez? (Leia v.38-40.)

_____

_____

23) A quem Jesus permitiu estar presente, quem Ele despediu, e por que Ele poderia ter feito isto?

_____

_____

_____

Bridge for Peace Alicerce para a Cura

24) O que as ações dos pais dizem sobre fé?

25) O milagre da filha depende de sua fé?

26) O que esses versículos lhe dizem sobre fé e cura?

27) O que os discípulos tentaram fazer em Marcos 9: 14-29? (Leia também Mateus 17: 14-21, Lucas 9: 37-43.)

28) O que Jesus disse?

Lázaro estava morto, mas saiu do túmulo quando Jesus chamou em alta voz: "Lázaro, vem para fora!" A "ressureição" de Lázaro não dependia de fé dele. Ele estava morto. No entanto, Marcos 6: 5 diz que Jesus não poderia fazer milagres por causa da falta de fé, a não ser pôr as mãos sobre alguns doentes e curá-los. Nesta escritura, Deus nos mostra a importância da fé. Sua pequena fé limitou o que Jesus poderia fazer. Voltamos ao que estudamos no Antigo Testamento, nosso Deus onipotente que por um tempo escolheu limitar-Se. Esses exemplos referentes à importância da fé nos milagres convidam a um estudo mais aprofundado e oração para a compreensão do Espírito Santo.

29) O que você observa nestes exemplos sobre a necessidade da fé no ministério de cura?

Parte Três - Lição Três
Quando Você Não Vê a Cura

Bridge for Peace Alicerce para a Cura

PERSEVERANÇA NA ORAÇÃO

Às vezes as pessoas sentem frustrados e envergonhados quando não são curadas na mesma hora, como se fosse culpa deles. Na verdade, eles podem precisar de mais oração. Às vezes as pessoas sentem vergonha de pedir mais oração se tiverem algum retorno sintomas. Em Ponte para a Paz, oraremos com as pessoas para a cura, desde que estejam dispostos a perseverar.

Uma mulher que sofria com espasmos dolorosos em seu pescoço e uma mandíbula apertada recebeu a cura uma noite em um serviço de cura. Um mês depois ela voltou. Ela estava muito melhor, mas estava experimentando alguns sintomas novamente. Sentia-se envergonhada. Ela me disse que estava lendo um artigo da revista, "As doze razões pelas quais Deus não nos cura". Ela estava tentando descobrir o que ela fez de errado.

Eu acredito que é melhor ler a palavra bíblica, estudar "Jesus a Solução" e a Palavra de Deus, em vez de estudar "Por que Deus não nos cura". O Espírito Santo revelará aos que procuram sinceramente qualquer coisa em nosso espírito que precise ser abordada.

30) Por que alguém poderia sentir vergonha ao pedir oração pelos seus sintomas? Como você poderia encorajá-los?

_____

_____

31) O que aconteceu em Marcos 8: 22-25?

_____

_____

32) Como Jesus reagiu à declaração do cego de que ele não estava totalmente curado?

_____

_____

33) Como você aplicaria o exemplo de Jesus a como você ora pelos enfermos?

_____

_____

_____

_____

Bridge for Peace Alicerce para a Cura

RECEBENDO JESUS CRISTO COMO SALVADOR

Alguns dizem que as pessoas não são curadas porque não receberam Jesus Cristo como seu Salvador. No entanto, vimos Deus curar pessoas incrédulas que responderam crendo que Jesus Cristo é o Messias. Deus repetidamente demonstra isso na Bíblia. A cura se torna uma maneira de evangelizar.

Uma senhora que hindu que é médica, veio a uma reunião que realizamos para ensinar as pessoas a orar pelos enfermos. Ela esteve em um acidente de bicicleta como uma criança na Índia. Ela se sentou e puxou a perna da calça para me mostrar o resultado. Sua perna parecia um cabo de vassoura. Tinha pouco músculo. Ela tirou seu sapato e me mostrou seu pé torcido. Perguntei-lhe se queria conhecer Jesus como seu Salvador. Ela recusou o convite. Sentimos que Deus queria que orássemos para que ela visse uma cura milagrosa. Meu parceiro disse, "Deus vai fazer isso por você de qualquer maneira." As senhoras se reuniram ao redor dela colocando as mãos em seus ombros. Eu ajoelhei no chão, minhas mãos em seu pé torcido. O Espírito Santo me permitiria dizer apenas duas palavras: "Restauração total". Repetidas vezes repeti as mesmas duas palavras. Ela começou a chorar profundamente. Eu repito "restauração total" por cerca de vinte e cinco minutos enquanto nós assistimos seu pé destorcer diante dos nossos olhos! Novamente, perguntamos se ela gostaria de servir a Jesus Cristo como seu Senhor. - Sim - exclamou ela. No entanto, ela disse que não era por causa da cura milagrosa de seu pé. Ela queria Jesus como seu Salvador, porque o amor que ela sentia fluindo das pessoas era um amor que ela nunca tinha sentido em sua vida! Foi o amor de Cristo movendo-se através das mulheres que a atraíram para Deus! (Realmente foi total restauração!)

Trouxeram uma senhora para que a equipe de oração da Ponte para a Paz.
Tinha dor e restrição no pescoço. O amigo que a trouxe descreveu-a como "um grande intercessor". A equipe orou com ela sem resultados visíveis. Eu estava sentada no banco, observando. Eu sugeri a oração da nova aliança. A equipe perguntou à senhora se eles podiam orar juntos reafirmando a fé em Jesus Cristo como Salvador. Ela se recusou, virou-se e saiu do templo.

34) A senhora hindu que não queria receber Jesus Cristo recebeu uma cura milagrosa. Outra senhora, conhecida como cristã e "grande intercessora", não experimentou nenhuma mudança e se recusou a orar com a equipe. Quais são seus pensamentos sobre essas duas situações?

_____

_____

_____

_____

Ao longo deste estudo, ouvimos como devemos ser muito cuidadosos para não julgar. Estude a Palavra, peça ao Espírito Santo para compreensão e discernimento. À medida que buscamos o Espírito, Deus nos ensinará e dará revelação quando estivermos prontos para recebê-la.

Bridge for Peace Alicerce para a Cura

DÚVIDA

Ponte para a Paz oferece recursos na maioria dos nossos serviços, incluindo cartões para enviar para aos enfermos. Nós os chamamos de cartões de cura. Estes cartões bonitos têm uma mensagem que diga a ponte para a paz está orando com fé para o receptor. O remetente dá a Ponte para a Paz coloca o nome da pessoa enferma e, em seguida, envia o cartão para um amigo ou parente em necessidade. Uma senhora chegou a um serviço de cura e notou nossos cartões de oração na tabela de recursos. Ela sentia que eles eram bonitos e seria uma bênção para seus amigos. "Está tudo bem se eu tomar vários deles?" Ela era muito positiva e afirmando sobre o toque de cura de Deus. No entanto, quando Ed apresentou slides de milagres que experimentamos pessoalmente, a mesma senhora ergueu a mão e perguntou: "E se você for cético?" (cético é aquele que duvida de tudo) Senti que ela fazia a pergunta honestamente, desejando a cura.

Ela veio para oração, experimentando tremenda dor. Deus instantaneamente a curou. Curou um cético auto-proclamado, ela estava sobrecarregada. Ela olhou atordoada e disse, "Eu acho que tenho que ir para casa agora." Ela agarrou seu casaco, puxando-o como ela imediatamente voou para fora da porta do corredor. Uma senhora que participou da mesma igreja nos disse anos mais tarde, o "cético" foi liberto da dor, nunca mais ela se sentiu mal. Ainda tendo duvidas Deus assim a curou.

MALDIÇÃO GERACIONAL

Durante uma missão, Deus nos instruiu a expulsar o espírito do suicídio. Dezenas de pessoas vieram orar. Muitas vezes alguém de uma geração anterior tinha cometido suicídio e os efeitos foram sentidos para as gerações seguintes, continuando a perturbar as famílias. Nós oramos para a libertação das famílias e suas gerações de sofrimento, também para que as famílias recebam uma herança sobrenatural de bênçãos da cruz de Jesus Cristo.

MEDO

Jó disse que a própria coisa que ele temia tinha vindo sobre ele. O medo pode desempenhar um papel na doença e na nossa receptividade à cura. Alguns acreditam que a cura é para os outros, mas temem que não seja para eles. Alguns não podem ouvir a Palavra de Deus por causa do medo.

Eu tenho orado com muitas pessoas que foram totalmente curadas diante de testemunhas, mas estavam sendo pressionadas pelo medo e realmente não podia obter a cura. Embora fossem curados, eles continuaram a expressar a esperança de que um dia eles estariam melhores. Eu e outros na Ponte para a Paz, as equipes de cura testemunharam os ossos endireitados, os músculos soltos e a flexibilidade restaurada, os problema resolvidos e, no entanto, as pessoas que Deus tocou tiveram uma cirurgia de qualquer maneira. Eles disseram que temiam não ter a cirurgia.

Ponte para a Paz realizou um serviço em uma cidade importante. Uma senhora com um problema severo do joelho atendeu. Seu joelho estava totalmente restaurado. Ela andou para cima e para baixo passos sem um problema e declarou que era "milagrosa". No entanto, ela não celebrar sua cura. "O que vou dizer ao médico?", Ela se preocupou. "Eu vim a esta cidade para a cirurgia da recolocação do joelho e a operação esta programada para amanhã."

Bridge for Peace Alicerce para a Cura

O poder de Deus é maior que o medo. Certa noite, uma mulher aterrorizada veio orar, literalmente tremendo de medo. Ela recebeu uma cura milagrosa no local.

EALTANDO O SOFRIMENTO

Nos pediram para ir a uma reunião para orar por uma senhora que estava em cadeira de rodas. (Às vezes as pessoas querem que você ore por outros sem considerar os desejos de seus amigos. As pessoas nem sempre querem oração.) A dama e seu pastor eram co-pastores de uma reunião de oração e eles também eram a equipe de oração.

Nossa amiga comum, Terri, nos trouxe para a senhora na cadeira de rodas e nos apresentou. Terri queria tanto que seu amigo C fosse curado. Perguntamos se podíamos orar por ela. C disse que sim, nós poderíamos orar. A atitude de C era estranha, quase desafiadora, como em "Eu te desafio". Sabemos que a cura pertence a Deus, não a nós. E assim oramos. Então tornou-se óbvio que C exaltava seu sofrimento. Ela parecia pensar que seu sofrimento a tornava mais santa que outras. Ela pensou que ela foi especialmente escolhida para sofrer. Seu pastor explicou. Ele disse: "Nós acreditamos que ela está em uma cadeira de rodas e sofrendo com todas essas doenças diferentes, porque ela está sofrendo por Deus e por (um grupo de pessoas que eu não vou nomear)." Ela estava experimentando diabetes e sinais precoces de demência entre Outras coisas e tinha apenas cinquenta anos. "Nós sentimos que Deus a escolheu para esses sofrimentos particulares". Se uma pessoa acredita que sua doença é um dom sagrado de Deus, ela pode ter dificuldade em receber cura através do poder do Sangue.

Quando estávamos em missão nas Ilhas Filipinas havia grupos de penitentes que se voluntariaram para marchar pela estrada, ser espancados por aqueles que alinham a estrada e crucificados para expiar seus pecados. (Não crucificado até a morte, mas por um período de sofrimento.) Fomos repelidos ao ouvir este foi um evento anual antes da Páscoa. Nossa anfitriã filipina considerou os participantes envolvidos excepcionalmente santo sujeitar-se a este tratamento.

Servimos um Deus bom, maravilhoso e generoso. Jesus Cristo sofreu uma vez por toda a humanidade. Se acreditarmos que temos de sofrer a doença física de Jesus Cristo e abraçar essa mentalidade, então faz sentido bater-nos e ser crucificado como é a prática de alguns penitentes nas Ilhas Filipinas.

35) Que pensamentos você teve sobre estes tópicos de ceticismo, maldições generacionais, medo e exaltação do sofrimento?

_____

_____

_____

_____

Que esta lição seja um encorajamento para que vocês busquem a revelação divina através da oração e da Palavra de Deus para aumentar sua compreensão e responder às perguntas que tiverem sobre o dom de cura

Bridge for Peace Alicerce para a Cura

PARTE TRÊS

LIÇÃO QUATRO

COISAS MAIORES

Jesus Cristo nos disse para esperar "coisas maiores" (João 14:12). Este estudo conclui com uma exploração do que "coisas maiores" estão preparadas para você. Ore pela orientação do Espírito Santo para expor a resistência a receber e viver a vida plena que Deus deseja para você. Os princípios espirituais são apresentados das escrituras que podem ajudar a levá-lo a "coisas maiores".

Embora conscientemente consciente das dificuldades de hoje, a graça de Deus me faz manter um senso de privilégio. Eu vejo a Presença impressionante de Deus em nossa idade extraordinária. Deus me insta a não ter os olhos vendados por satanás, mas a olhar para além das forças do mal para ver a mão de Deus em ação. Vivemos em um tempo abençoado da história. Vivemos o que os outros nem sequer imaginaram, porque o nosso Messias veio e o Espírito Santo habita conosco.

COISAS MAIORES

Jesus diz em João 14:12: "Digo-vos a verdade, quem tem fé em mim fará o que eu faço, fará coisas ainda maiores do que estas, porque eu vou ao Pai".
A declaração de Jesus nos convida a fazer uma pausa e a considerar Seu ministério.

1) De acordo com a escritura, o que Jesus tem feito??

_____

_____

_____

Quando descrevemos o que Jesus fez, ficamos espantados ao perceber que Ele pode nos usar para fazer as mesmas coisas, inclusive ministrar a cura de Deus aos outros. A palavra que Jesus usou, traduzida como "maior", também significa muito mais. À medida que nos movemos em comunidades batizadas do Espírito Santo, servimos aos outros através dos milagres, sinais e maravilhas de Deus. "Maior" pode significar o que Deus faz quando mais crentes o servem. "Maior" pode se referir a números de milagres. "Maior" pode indicar que a humanidade ficará espantada com diferentes tipos de milagres que Deus realiza através do Ministério do Corpo - um grupo de discípulos atuais ministrando juntos através do poder do Espírito Santo sob a liderança de Jesus Cristo. "Maior" implica algo mais do que as coisas incríveis que lemos sobre Jesus fazendo na Bíblia.

Bridge for Peace Alicerce para a Cura

2) O que significa a frase "coisas maiores" para você?

___

Para participar das coisas maiores de Deus, precisamos segui-Lo. Lembro-me do fenômeno "O que Jesus faria?". A questão era popular anos atrás. As pessoas usavam braceletes, botões e mochilas perguntando: "O que Jesus faria?" O slogan aconselhava as pessoas que estavam incertas da resposta certa para fazer uma pausa e perguntar: "O que Jesus faria?" Depois de discernir o que Jesus faria, Seus passos, fazer a mesma coisa.

3) Discuta uma ocasião em que você experimentou um resultado extraordinário fazendo o que você pensava que Jesus faria.

___

___

___

CORPO MINISTERIAL

Jesus disse que nós vamos fazer as mesmas coisas que Ele fez e Coisas ainda maiores. Uma maneira pela qual Deus realiza maiores Coisas através de nós é pelo Ministério do Corpo.

> **Uma maneira pela qual Deus realiza maiores Coisas através de nós é pelo Ministério do Corpo.**

Com Cristo como nossa cabeça, todos os que O receberam se tornaram um Corpo (Efésios 1:22). Deus une muitas pessoas, unindo-nos em Seu propósito. Os grupos de oração demonstram o Ministério do Corpo no trabalho. O Espírito Santo pode impulsionar duas pessoas a lêem a mesma escritura. Dois Ou mais pode ser tocados pelo Espírito Santo para cantar a mesma canção, fale a mesma palavra de encorajamento a igreja, ou ir para a mesma nação. No ministério de oração, quando dois ou mais têm a mesma impressão de como orar, pedindo exatamente a mesma coisa em nome de Jesus, o Ministério do Corpo está trabalhando. Eu vejo a rede do Espírito Santo funcionando de maneiras incríveis todos os dias.

Enquanto estou escrevendo isso, estou sentado em um belíssimo sofá-cama, um exemplo da rede de Deus. Ed e eu acabamos de mudar para nossa casa e minha mãe de 89 anos de idade e seu companheiro estão vindo nos visitar. "O que precisamos é de um sofá-cama", eu disse para Ed.

Nossa amiga Sharon veio ajudar a pintar. Ela disse: "Você poderia usar um sofá-cama? Minha filha estava jogando dela para fora. Eu disse: 'Não faça isso, você pagou muito dinheiro por isso!' Eu posso guardá-lo na minha garagem. Se você quiser. "Exatamente o que precisávamos e não tínhamos dito uma palavra!

Hoje, Sharon chegou com a bela cama. Trouxe um presente para você disse ela. Ela puxou almofadas de colchão, lençóis e travesseiros, forros e uma colcha do carro! Deus tocou Sharon

Bridge for Peace Alicerce para a Cura

a me presentear o sofá-cama quando ele estava indo para a pilha de sucata uma coisa que eu precisava. Ele chegou através do toque do Espírito Santo. Deus move pessoas em todo o mundo para atender às necessidades. À medida que mais pessoas renascerem no Corpo de Cristo, veremos coisas ainda maiores!

Cada missão em que estivemos tem exemplos desta rede mundial do Espírito Santo em ação. Por exemplo, em 1997 um amigo veio do Quênia e profetizou: "O Brasil está esperando por você." Brasil, eu pensei, nós não conhecemos ninguém no Brasil. Mantivemos o Brasil em nossas mentes e orações. Em 2006, estávamos em missão na Jamaica, nas Índias Ocidentais. Depois de um serviço, o irmão Felipe, um missionário de Mandeville, disse: "Deus falou duas coisas para mim. Primeiro, você deve vir para o Brasil. Dois, eu deveria arranjar tradutores, ministério, tudo. "Em 2008 uma equipe de quatro pessoas foi para o Brasil e o ministério foi glorioso. Deus curou muitas pessoas - os tumores desapareceram, a audição foi restaurada e os cativos foram libertados.

Jesus pode fazer coisas maiores através de seu ministério mundial do corpo do que quando conduziu um pequeno grupo de discípulos em Israel que não tinham o batismo do Espírito Santo. Quando trabalhamos juntos sob Sua liderança em equipes com a mesma mentalidade, vemos mais milagres por causa de Seu poder sobrenatural fluindo através de nós! Maravilhosas obras ocorrem em todo o mundo porque Cristo fala e Seu Corpo obedece com fé.

A Ponte para a Paz serve a Deus e as pessoas em equipe. Jesus escolhe as equipes e nos dá presentes complementares. Alguns desejam servir na cura, outros servem com administrativo, técnico, ensinando, generosos dons financeiros, ou palavra profética. Muitos usaram seus talentos dados por Deus para produzir CDs, DVDs, este Manual, também pra traduzir em outros idiomas, grandes recursos e vários eventos ungidos por Deus da Ponte para a Paz.

4) Você já teve experiência com o Ministério do Corpo? Por favor descreva.

_____

_____

_____

_____

5) Pode você descrever uma manifestação pelo poder do Espírito Santo através de sua participação no ministério do corpo que não poderia ter sucedido de outra maneira?

_____

_____

_____

_____

Parte Três- Lição Quatro
Coisas Maiores

Bridge for Peace Alicerce para a Cura

É incrível perceber que Jesus Cristo está vivo em nós e deseja usar-nos para o ministério de cura. Conheço muitas pessoas que acreditam em milagres, mas acho que é muitas vezes difícil para eles acreditarem:
a) podem receber um milagre
b) Deus os usará para curar os outros

O inimigo de nossas almas tentará sempre impedir-nos de mover-nos em coisas maiores. O Espírito Santo nos inspira para o novo e incomum. O Espírito Santo é criativo. Pode ser que tenhamos que afastar-nos de uma coisa nova e maior porque Ele se sente desconfortável. Talvez nunca tenha sido feito antes. Obediência é fundamental. Podemos ter que nos afastar de situações que geram renda ou dar mais de nossa renda à causa de Deus. Pode ser que tenhamos que nos humilhar para responder ao chamado do Espírito Santo, mas a obediência é recompensada.

Um homem da igreja local estava dirigindo quando ouviu o Senhor dizer: "Pare." Ele parou. Então ele ouviu o Senhor dizer: "Ajoelhe-se em cima de seu carro." "O quê?" Ele se perguntou. "Ajoelhe-se em cima de seu carro", ouviu o Senhor dizer. Estando familiarizado com a voz de Deus em seu coração, ele tinha que decidir. Ele obedeceria ou não? Ele subiu e ajoelhou-se em cima de seu carro ao lado da estrada. Momentos mais tarde, outro carro parou atrás dele. O motorista saiu. Ele tinha lágrimas nos olhos quando se aproximou do homem ajoelhado. Olhando para o homem no teto do carro, ele disse: "Eu estava agora mesmo dizendo a Deus, se o Senhor é real, deixe-me ver alguém ajoelhado no teto do carro orando, clamando a Ti, bem aqui nesta estrada.

Você quer ouvir o Senhor e ser usado para levar as pessoas a Cristo? Peça ao Espírito Santo para revelar qualquer coisa que o esteja prendendo para trás.

6) Discuta quaisquer obstáculos pessoais ao desejo de Deus de usá-lo para coisas maiores.

_____

_____

_____

7) O que poderia ajudá-lo a avançar? Você pode implementar um plano para receber o que você precisa?

_____

_____

_____

_____

Parte Três- Lição Quatro
Coisas Maiores

Bridge for Peace Alicerce para a Cura

PERSEVERANÇA X DESAFIO

Para cumprir nosso potencial em Jesus Cristo temos de perseverar. Tiago 1:4 diz: "A perseverança deve terminar sua obra para que você possa ser maduro e completo, não faltando nada."

Jesus libertou o poder na cruz para que perseverássemos. Aqueles que invocam o Seu Nome recebem a capacidade sobrenatural de perseverar. Nós somos os vasos de Deus, o Espírito Santo trabalha através de nós para a glória de Deus. Para além de Deus, nada podemos fazer.

Quando na Austrália, nós conhecemos o bispo Harry Westcott e ficamos no seu rancho. Deus o usou para muitos milagres fantásticos. Algumas das curas extraordinárias que Deus realizou através do bispo Harry foram gravadas em jornais australianos. Deus também usa o bispo Harry para treinar outros no dom da cura através de Jesus Cristo. Um dia, o bispo Harry estava falando Ele tinha sido usado por Deus de maneira maravilhosa. Ele testemunhou incríveis milagres que Deus havia feito através dele. De repente, ele disse: "Eu não posso curar o globo ocular de uma mosca!" O bispo Harry não se esforça. Ele sabe que os milagres não dependem dele. Ao mesmo tempo, ele sabe perseverar, continuando em oração até que a vontade de Deus seja manifestada.

Tiago 5:16 diz: "A oração de um justo pode muito em seus efeitos". Tiago descreve a perseverança como uma oração sincera, sincera e contínua. A oração perseverante no Nome de Jesus e através de Seu Sangue torna o poder ilimitado e dinâmico disponível para a cura das nações e para a glória de Deus.

8) Como você descreveria a perseverança?

_____

_____

_____

Elias demonstrou que se nos tornamos um vaso que Deus pode usar cada vez mais através da perseverança. Tiago 5: 17-18 diz: "Elias era tão humano quanto nós, e mesmo assim, quando orou sinceramente para que não chovesse, não caiu chuva durante três anos e meio! Então ele orou por chuva, e a ela caiu. "

As Escrituras dizem que Elias era como nós, ele tinha um corpo físico, emoções humanas e preferências como nós. A Palavra diz simplesmente que ele orou para que não chover e então ele orou novamente e choveu. Vamos dar uma olhada neste incidente. (Leia 1Rs 18: 41-45.)

O simples relato das façanhas de Elias em Tiago se expande em um exercício de perseverança fiel quando lemos as escrituras. Tiago relatou as ações de Elias como um bom exemplo de perseverança. O livro de Reis mostra-nos a perseverança de Elias. Sete vezes ele orou e enviou seu servo. Sete vezes - de novo, de novo, de novo, de novo, de novo, de novo e de novo - Elias orou e enviou seu servo. Então o servo viu uma pequena nuvem subindo do mar. Uma pequena nuvem foi suficiente para Elias aconselhar o rei a se apressar para evitar uma tempestade!

Parte Três- Lição Quatro
Coisas Maiores

Bridge for Peace Alicerce para a Cura

9) Tiago nos diz que podemos nos identificar com Elias. Ele era humano, como nós. Ele estava sujeito a sentimentos de entusiasmo, desânimo, exaltação, medo, esperança e desespero. Que tipo de sentimentos você experimentou ao perseverar na oração?

_____

_____

_____

_____

10) Você pode dar um exemplo de perseverança de sua vida?
_____

Há um ditado, "Ore como credo que somente depende da vontade de Deus, o trabalhe como se depende de sua vontadede." Este lema incentiva-nos em nossos esforços. Enquanto trabalhamos duro, fazemos o trabalho na obediência e conhecemos os suprimentos de Deus. Outro lema favorito diz: "Fazemos o possível, Deus faz o impossível". Devemos avançar com os talentos e os recursos que Deus nos dá, sem reter nada. Então vemos os milagres de Deus. Envolvemos a obra e perseveramos nela pela fé. Podemos não ver as possibilidades de sucesso no reino natural. No entanto, é freqüentemente quando estamos perto do limiar da incapacidade de avançar, vemos Sua oferta. Ele nos testa para nos conhecermos.

Jesus diz: "Sem mim nada podereis fazer" (João 15: 5b). O esforço diz: "Tudo depende de mim." Qual é a raiz do esforço? Alguns si esquecem e deixam de crer que Deus não possa controlar a situação. "Eu receio que isso dependa de mim." Manipulação, controle, Desejo de atenção e orgulho distorcem as percepções. Algumas pessoas em cativeiro Esforçando-se desfrutar sentimento de que tudo depende deles.

> **Ele nos testa para nos conhecermos**

Por que você entra em "Esforço humano"? Qual é a raiz subjacente? Se concordarmos Com o engano, o que quer que seja, nós podemos esforçar-nos para realizar coisas para o deus Em nossa própria força. Se acreditarmos que "tudo depende de mim", tentamos realizar as coisas para Deus a partir de nossa própria força. Se eu cair na armadilha de lutar, tudo o que eu empreender tem que ser possível para mim, porque eu acredito que sou eu quem o fará. Esforçar é determinação para que isso aconteça sem o poder de Deus, sem desejar, procurar ou esperar Sua Presença. Quando estamos lutando é um esforço de nossas próprias capacidades, não uma obra do Espírito Santo. Podemos nos achar confiando em métodos ao invés do Espírito Santo. Esforçar pode terminar em amargura, ressentimento, exaustão, queimadura, serviço sem alegria, superioridade, orgulho ou outros resultados indesejáveis.

11) Você pode descrever a diferença entre perseverar e esforçar-se?

_____

_____

Parte Três- Lição Quatro
Coisas Maiores

Bridge for Peace Alicerce para a Cura

12) Para ver coisas maiores, temos que estar em obediência. O que pode nos ajudar a discernir se um projeto é uma idéia de Deus ou uma de nossas boas idéias?

_____

_____

_____

_____

13) Às vezes, começamos bem e, em seguida, sair da pista, lutando. Isso já aconteceu com você? O que o ajuda a perceber que você tomou posse do que Deus começou?

_____

_____

Barry serviu como fotógrafo missionário em Gana. Às vezes ele se juntou a nós na equipe de oração. Na segunda missão de Barry para a Ponte para a Paz, ele orou por um homem com um grave problema no joelho. Depois da oração, o homem saltou pelo corredor. Era quase cómico como ele estava na beira dos bancos louvando ao Senhor.
Barry mais tarde deu o testemunho dizendo: "Nós oramos por um bom tempo." Senti-me inspirado a questioná-lo. "Quanto tempo demorou um pouco?"
"Cerca de 15 a 20 minutos."
Perguntei ao povo de Gana: "Se você tivesse uma consulta no médico, teria que esperar 20 minutos?" As pessoas explicaram que nem sequer podiam marcar uma consulta. Eles tiveram que aparecer e receber um bilhete que iria dizer-lhes quando a sua nomeação seria para esse dia. Eles poderiam esperar por horas. A velocidade da cura foi incrível. No entanto, para Barry, parecia que ele estava orando "muito tempo".

14) Você já orou por algo que parecia estar levando "um bom tempo"? Como você se sente sobre isso agora e por quê?

_____

_____

_____

Leia Marcos 8: 22-26. Jesus levou o cego para fora da aldeia. Parece que Jesus não só levou o cego para fora de seu ambiente para um lugar auspicioso, um lugar mais propício, mas fora de sua mentalidade também. Jesus disse ao homem: "Não entre na aldeia", como se Jesus não quisesse que o homem recentemente curado se associasse aos moradores. Por que Jesus não queria que ele voltasse para lá? Talvez Jesus quisesse que o homem evitasse a duvida.

Bridge for Peace Alicerce para a Cura

Ed e eu estávamos em uma festa quando uma jovem nos disse que estava desanimada com sua condição diabética que causou problemas no olho e nos pés. Entramos no quarto onde os casacos dos hóspedes estavam empilhados na cama. Enquanto oramos, ela disse que estava sentindo formigamento em seu pé. Nós continuamos orando. Uma convidada entrou para pegar seu casaco. Quando ela nos viu orando, ela saiu do quarto e fechou a porta. Oração de cura é muitas vezes surpreendente e incomum para as pessoas, mas Jesus pode usar configurações diferentes para nos levar para fora da nossa experiência e nos levar a um lugar mais espaçoso de fé.

Jesus orou e fez uma pergunta. Como uma tradução diz: "Vocês vêem alguma coisa?" Nós aceitamos o modelo e perguntamos como Jesus fez. Quando oramos pelos outros, perguntamos: "Você vê uma mudança?" "Existe alguma diferença?" "O que está acontecendo?"

O homem experimentou alguma mudança, Jesus orou novamente. O Mestre orou uma vez, Ele orou duas vezes. A coisa maior se manifestou na visão melhorada do homem.

15) O que você acha que Jesus estava nos dizendo com este exemplo em Marcos 8?

_____

_____

Leia Jeremias 12: 3-5. Jeremias se vê como servo fiel, mas ele está ficando desanimado, impaciente. Ele tem sido obediente, mas ele não viu frut. O Senhor repreende a impaciência de Jeremias. Deus pergunta a Jeremias: "Se você tem corrido com homens a pé e eles o cansaram, como você pode competir com cavalos?"

Os cavalos simbolizam a força e o poder do mundo. Deus quer que abraçamos as pequenas coisas, para começar no início e progredir para coisas maiores. Afinal, somente Deus pode ser o juiz do tamanho real de nossa obediência. Algumas pessoas querem ignorar as provações que desenvolvem o caráter divino e vêem as coisas maiores. Jeremias ficou desanimado porque não viu o fruto que queria. Deus estava fazendo uma obra maior que Jeremias não podia ver. Deus estava desenvolvendo frutos em Jeremias; Ele estava desenvolvendo paciência.

16) Você pode se lembrar de uma época em que você se identificou com os sentimentos de Jeremias nesta passagem? Explicar.

_____

_____

_____

Bridge for Peace Alicerce para a Cura

17) Você vê uma conexão entre perseverança e coisas maiores em sua vida?

_____

_____

_____

Deus abençoe vocês hoje, enquanto concluímos nosso tempo juntos. Obrigado por aceitar este desafio de estudar a palavra de Deus, espero que tenha sido uma bênção. Gostaríamos de saber como o estudo foi para você. Por favor, escreva-nos em bridgeforpeace@optonline.net deixe a sua opinião.

Eu oro para que cresçamos no Espírito Santo que Deus nos de sabedoria para que vejamos as coisas maiores que Deus planejou para nós. Deus continuará a exortar-nos a viver plenamente através do Seu poder e a glorificá-Lo. Somente Deus nos traz plenitude de alegria. Em todas as coisas, voltemos para Jesus, nossa Ponte para a Paz.

Respostas

Parte Um

Bridge for Peace Alicerce para a Cura

RESPOSTAS

PARTE UM
Lição Um

Aliança

NOÉ

1) Noé ofereceu um sacrifício queimado, um sacrifício de sangue.

2) Deus prometeu nunca mais destruir a terra por inundação.

ABRAÃO

3) Abraão ofereceu um sacrifício de sangue de uma novilha, cabra e carneiro.

4) Deus prometeu a Abraão descendentes além do número que suportariam 400 anos de escravidão e então viveriam em uma terra própria, do rio Nilo, no Egito, até o rio Eufrates, na Assíria.

5) Resposta pessoal. Escreva a sua resposta.

6) Deus pediu que Abraão e seus descendentes fossem circuncidados.

7) As promessas de Deus a Abraão:
 a) Abraão seria o Pai das Nações.
 b) Deus seria seu Deus.
 c) Os descendentes de Abraão viveriam na terra prometida.

8) Deus pediu a Abraão para oferecer seu filho Isaac como um sacrifício de sangue.

9) Abraão construiu um altar, preparou madeira para queimar o sacrifício, amarrou Isaque e colocou-o no altar. Abraão tomou o cutelo para matar seu filho como um sacrifício de sangue.

10) Deus impediu Abraão de sacrificar Isaque e forneceu um carneiro para o sacrifício.

11) Deus disse porque Abraão estava disposto a sacrificar seu único filho, Deus o abençoaria com inúmeros descendentes que derrotariam seus inimigos e seriam uma bênção para as nações.

Bridge for Peace Alicerce para a Cura

MOISÉS

12) Se Moisés retornasse ao Egito como mensageiro de Deus, Deus prometeu resgatar os israelitas da escravidão e levá-los a uma terra que mana leite e mel.

13) Deus queria que os israelitas lhe obedecessem.

14) Deus disse que os israelitas seriam Seu próprio tesouro especial de entre todas as nações. Eles seriam como um reino de sacerdotes para Ele. Eles seriam Sua nação santa.

15) Os israelitas disseram que fariam tudo o que Deus pedisse.

16) Esta é uma paráfrase dos Dez Mandamentos encontrados no Êxodo 20 começando com o versículo 3. Não adore outros deuses; V.4-6 não ídolos de qualquer espécie; V.7 não use o Nome de Deus em vão; V.8-11 guardar o sábado santo; V.12 honra seus pais; V.13 nenhum assassinato; V.14 nenhum adultério; V.15 não roubar; V.16 não mentir; V.17 não cobiçar a casa de outro, esposa, servos, animais, ou qualquer outra coisa que eles próprios.

17)
   a) Moisés contou as palavras de Deus.
   b) Moisés anotou-as.
   c) Moisés construiu um altar ao pé da montanha.
   d) Moisés enviou jovens para sacrificar touros.
   e) Moisés jogou metade do sangue animal contra o altar.
   f) Moisés leu o Livro da Aliança para os israelitas.

18) Os israelitas disseram que obedeceriam a Deus.

19) Moisés espargiu o sangue sobre o povo.

20) Resposta Pessoal.
Um pacto é um acordo solene e obrigatório feito por dois ou mais indivíduos, ou partes, para fazer ou manter de fazer uma coisa específica.

21) Moisés disse que o sangue confirmou a aliança que o Senhor fez com eles.

22) Um mediador é uma pessoa no meio, um intermediário. Um mediador pode ajudar duas partes a chegar a um acordo.

23) Resposta Pessoal.
Quando eu era chefe de um departamento de saúde, o pessoal sindical não conseguia chegar a um acordo com a gerência. Foi contratado um mediador profissional para estabelecer um acordo legal.

Bridge for Peace Alicerce para a Cura

ADÃO E EVA

24) Romanos 3:23 diz que todos pecaram e todos ficam aquém do padrão glorioso de Deus. Todos nós pecamos. Nós desobedecemos a Deus, assim como Adão e Eva.

25) Resposta pessoal. Sim, eu pequei.

26) Deus disse que Ele colocaria Suas leis em nossas mentes para que as entendêssemos. Ele os escrevia em nossos corações, e nós conheceríamos o Senhor. Ele disse que todos conhecerão Deus e Deus perdoará nossos erros e esquecerá nossos pecados (Hebreus 8: 10-12).

27) Jesus Cristo é o único mediador da Nova Aliança.

28) Jesus Cristo se ofereceu em troca de todos os pecadores, nos reconciliou com Deus e nos libertou da pena de morte devida por nosso pecado.

29) Jesus se torna um companheiro íntimo através de um acordo de amor. Jesus propõe que deixe minha antiga vida pecaminosa para trás e entre em um novo relacionamento permanente e abrace uma nova vida com Ele. Jesus fez um compromisso público na cruz, dando Sua vida por mim. Jesus veio para me dar nova vida. Ele promete me amar e nunca me deixar, como um noivo promete sua noiva em seu casamento. Jesus me ama completamente. Se eu aceitar Sua proposta e me comprometer com Jesus, Eu vou viver para Ele na terra e estar com Ele no céu para a eternidade.

30) Algumas das diferenças da Antiga e da Nova Aliança são:

Antiga Aliança	**Nova Aliança**
Baseado na lei	Baseado no amor
Escrito em pedra	Escrito em corações
Mediador Moisés	Mediador Jesus Cristo
Ensinado por Moisés	Ensinado pelo Espírito Santo

31) Resposta pessoal.

32) Um pacto exige algo de ambas as partes. No caso de Jesus Cristo crucificado, a Nova Aliança, Ele deu Sua vida por mim. Para entrar na Nova Aliança, dou a minha vida a Deus. A aliança exige um impacto notável e mensurável sobre o destinatário da dádiva. Recebi o dom do Cristo crucificado. Uma mudança de vida deve ser evidente ou eu não entrei em aliança com Deus. Se eu não faço a troca dando a minha vida a Jesus Cristo para receber a vida eterna, uma aliança não existe.

33) Resposta pessoal. Eu cresço na minha relação de Nova Aliança com Deus, passando tempo com Jesus Cristo, falando e compartilhando meu coração com Ele. Quando eu leio a Palavra de Deus, meu conhecimento da Nova Aliança de Deus promete a mim aprofunda e move meu coração.

Bridge for Peace Alicerce para a Cura

RESPOSTAS

PARTE UM
LIÇÃO DOIS

A NOVA ALIANÇA

ADÃO E EVA

1) Adão e Eva fizeram uma cobertura de folhas de figueira.

2) Deus sabia que uma cobertura feita pelo homem era inadequada e forneceu Adão e Eva uma cobertura de peles de animais (Gênesis 3:21).

3) Os animais tiveram de morrer para fornecer peles de animais.

ABRAÃO

4) Deus disse a Abraão para matar uma novilha de três anos, uma cabra de três anos, um carneiro de três anos, uma tartaruga e um pombo.

5) Abraão cortou os animais maiores e colocou seus corpos lado a lado.

6) Resposta pessoal. Em 1989, discerni o convite de Deus para permitir que Ele recriasse minha vida. Exigiria o fim de meus negócios. Eu não renovei minhas licenças de negócios.

7) Resposta pessoal. No caminho de casa de uma reunião de oração, uma van rear-ended nosso Volvo esmagando o carro tão severamente foi declarado "totalizado." Uma ambulância trouxe Ed e eu para o hospital. Lembro-me de olhar para o teto da telha, repetindo as promessas de Deus enquanto Ele as colocava em minha mente. Uma vez em casa, lembro-me de ler as promessas de cura de Deus de novo e de novo.

8) Deus fez com que Abraão visse um pote fumegante passar pelos animais cortados.

9) Resposta Pessoal. Vejo Deus na natureza, nas pessoas, nas revelações bíblicas e proféticas, nos sonhos, visões, circunstâncias, milagres, provisões e sensações físicas.

10) Resposta pessoal. Lembro-me da alegria de 6 de abril de 2008, quando celebramos a inauguração do lar que Deus havia prometido há vinte anos, em 1988.

11) Deus disse que os descendentes de Abraão viriam através de Isaque.

12) Resposta pessoal.

Eu ouvi esta escritura pela primeira vez como uma menina. Ainda me lembro do desenho de Isaac no altar. Eu me senti confuso. Não parecia que um Deus amoroso pedisse a um homem para sacrificar seu filho. Hoje eu sinto tanto dor no sacrifício de sangue e fiquei maravilhada quando eu li esta passagem. Penso no incrível relacionamento de Abraão com Deus e no que esta passagem diz sobre o Pai e o amor surpreendente do Filho por mim - por nós.

13) Resposta pessoal comparando / contrastando seus sentimentos sobre o sacrifício do Pai Abraão com o sacrifício do Pai Deus.

Eu sei que Deus o Pai ama perfeitamente. Tanto quanto Abraão amava Isaque, seu amor era apenas uma sombra da capacidade de amar do Pai. Isaque era um filho fiel, mas sua obediência era apenas uma sombra da fidelidade de Jesus Cristo. Eu sei que meus sentimentos de ser profundamente subjugado pelo sacrifício de Cristo são superficiais em comparação com o custo incompreensível do sacrifício de Deus. Eu sei que o Pai e Jesus Cristo o fizeram por mim. Sinto-me grato e humilde. Meus sentimentos são misturados. Às vezes, eu hesito em procurar as profundezas do tremendo amor de Deus, para senti-lo. Acho doloroso ser amado completamente porque reflete minha falta de fidelidade. Ao mesmo tempo, sinto uma alegria pura.

14) Isaque perguntou a seu pai: "... onde está o cordeiro para o holocausto?"

15) Abraão diz a Isaque que Deus providenciará a si mesmo o cordeiro.

16) Abraão viu a vinda de Jesus e se alegrou.

17) Resposta pessoal. Sim, posso me relacionar com a visão dada por Deus a Abraão. Enquanto sofro pela morte dolorosa de um amigo, eu me regozijei sabendo que ela está no céu e seremos reunidos por causa de Jesus Cristo.

18) O anjo de Deus impediu Abraão de sacrificar Isaque.

19) Deus diz que porque Abraão estava disposto a sacrificar seu único filho, Deus o abençoaria com inúmeros descendentes que derrotariam seus inimigos e seriam uma bênção para as nações.

20) Abraão sacrifica um carneiro que encontra num mato.

21) Jesus morreu pelos pecadores. Jesus tornou-se nosso substituto. Jesus substituiu sua vida pela nossa.

22) O castigo pelo pecado é a morte.

23) Somos libertados da pena de morte por Jesus Cristo nosso Senhor.

24) Abraão diz que **eles** estarão de volta.

Bridge for Peace Alicerce para a Cura

25) Um significado possível é que Abraão acreditou que Deus poderia ressuscitar os mortos.

26) Satanás é o deus deste mundo.

27) Este mundo está sob o poder e controle de satanás.

28) Satanás é o príncipe deste mundo. Ele está trabalhando nos corações dos desobedientes.

29) Satanás será jogado fora como Jesus foi crucificado.

30) Resposta pessoal. Eu vi muitas pessoas liberadas do poder demoníaco. Eu também vi pessoas culpar satanás em vez de aceitar a responsabilidade por suas ações. Estudar as escrituras me ajudou a entender mais sobre satanás e o papel do crente no mundo. Eu sei que devemos tomar o domínio. Não devemos ter medo, mas devemos libertar os cativos no Nome de Jesus Cristo e através do Seu Sangue.

MOISÉS

31) Os dois quartos eram chamados de Lugar Santo e Lugar Santíssimo.

32) Uma cortina separava o Lugar Santo do Lugar Santíssimo.

33) O Lugar Santo tinha uma lâmpada e uma mesa com pães de pão sagrado sobre ele.

34) O Lugar Santíssimo ou o Santo dos Santos tinha um altar de incenso de ouro e a Arca da Aliança, ou a Arca do Testemunho.

35) A Arca da Aliança continha um frasco de ouro cheio de maná, a vara de Arão e os Dez Mandamentos. Para mais detalhes sobre o maná leia Êxodo 16: 4-17. Para mais detalhes sobre a equipe de Aaron ler Números 17: 1-10.

36) Deus se encontrou com Moisés em tempos determinados, conversar com ele e dar os seus mandamentos para Israel de cima da cobertura de expiação entre os anjos.

37) Resposta pessoal.

38) Esse sistema não poderia chegar ao cerne da questão, não poderia limpar a consciência.

39) O sumo sacerdote só podia entrar com sangue.

40) O propósito do sangue era cobrir o pecado do sumo sacerdote e do povo.

41) Deus só podia ser aproximado com <u>sangue</u>.

Bridge for Peace Alicerce para a Cura

JESUS CRISTO

42) Através de Seu sangue derramado, Jesus perdoou nossos pecados, nos livrou das potestades de satanás, nos restaurou ao Reino de Deus e comprou nossa liberdade.

43) Jesus Cristo é o Sumo Sacerdote eterno.

44) Jesus Cristo entrou no santuário celestial.

45) Quando Jesus Cristo foi crucificado, a cortina do templo foi rasgada de cima para baixo.

46) Todos os anos um sumo sacerdote era escolhido para entrar no Santo dos Santos, levando consigo o sangue de um animal, a única maneira de se aproximar de Deus. Jesus Cristo entrou no lugar Santíssimo, não pelo sangue dos animais, mas pelo Seu próprio Sangue. Ele estabeleceu un novo corpo, a Nova Aliança, tornando-se o sacrifício perfeito para a expiação do pecado, tornando-se nosso substituto. Na Antiga Aliança, só o sumo sacerdote podia entrar. Na Nova Aliança podemos nos aproximar de Deus através do perfeito sacrifício de sangue feito por nós por Jesus Cristo.

47) Só podemos nos aproximar de Deus através do Sangue de Jesus Cristo.

48) Foi necessário sangue como prova.

49) Somente pela morte de Jesus Cristo, e pelo Sangue de Jesus recebemos nossa herança.

50) Resposta pessoal. Eu oro para que por meio do Sangue de Jesus as pessoas sejam alcançadas e vivam vida debaixo da Nova Aliança, com autoridade, cura, libertação, poder, provisão e proteção.

Bridge for Peace Alicerce para a Cura

RESPOSTAS

PARTE UM
LIÇÃO TRÊS

Herança

1) Resposta pessoal. Sim, eu quero entender mais sobre a herança que Jesus garantiu para mim. Eu sei que minha herança é salvação, cura, libertação e provisão.

2) Resposta pessoal. Sim. Eu sei que sou nomeado em um testamento.

3) A morte deve ser estabelecida para que uma vontade entre em vigor. Um testamento está em vigor depois que um homem morre. A vontade não tem poder algum enquanto o homem que a criou vive.

4) Resposta pessoal. A ressurreição dos mortos refere-se à vida no corpo glorificado que Cristo já preparou para mim depois da minha morte física. Através de Adão eu herdei a morte. Jesus Cristo tornou-se meu substituto e por Ele fui vivificado tanto na carne quanto depois da morte física.

5) Deus amou o mundo de tal maneira que deu Seu único Filho para que todo aquele que nele crê não pereça, mas receberá a vida eterna. Deus não enviou seu Filho ao mundo para condená-lo, mas para salvá-lo (João 3: 16-17).

6) Escolha pessoal de tradução substituindo seu nome. (Por exemplo: Deus amou tanto Annette que Ele deu Seu único Filho ...)

7) História pessoal de sozo poder no trabalho. Como exemplo, eu compartilhei a experiência do poder de Deus manifestada para mim no aeroporto e no avião.

8) Resposta pessoal. Minha vida demonstra minha herança como eu sei que recebi a salvação Dele. Meu testemunho inclui curas milagrosas pessoais e libertações, bem como histórias incríveis de uma miríade de necessidades atendidas pelo Senhor para Sua glória.

9) Resposta Pessoal. Sim, estou confiante através da minha experiência da fidelidade de Deus e Sua demonstração do poder de Sua Palavra e do dom da fé.
Para um estudo mais aprofundado sobre a herança ler 1Peter capítulo 1.

10) Resposta pessoal. À medida que a vida muda continuamente, estou cada vez mais grata pelo desdobramento da herança que recebi. À medida que a vida se torna mais exigente e me inclino mais no Senhor, descobri que conheço mais a sólida força da Minha Rocha.

11) Resposta pessoal. Estou confiante de que Jesus Cristo garantiu minha salvação e agradeço a Deus pelo dom.

12) Resposta pessoal. Para mim, o Espírito Santo trabalha na escritura, na imagem de âncora, na experiência das âncoras enquanto navega, na imagem da cortina como um véu entre o céu e a terra para me ajudar a visualizar e expressar Jesus como minha âncora atrás do véu.

13) Testemunho pessoal. Nem todos as pessoas que oramos para aceitar ao Senhor imediatamente como nestes exemplos o fazem. No entanto, perseveramos para que alcance ser salvos. Um homem pelo qual oramos recusou-se a aceitar o convite do Senhor por vários meses. Graças a Deus, ele recebeu Jesus antes de morrer.

CURA
14) Testemunho de cura pessoal do que você experimentou ou da experiência de alguém.

LIBERAÇÃO
15) Testemunho de libertação pessoal de você ou de alguém que você conhece, experimentando liberdade através da intervenção de Deus.

PROVISÃO
16) Testemunho de prestação pessoal. Testemunha de como Deus encontrou uma necessidade.

17) Resposta pessoal. Eu acho Isaías 53 apropriado para cada circunstância. Durante a imposição das mãos ou por cima do telefone eu oro, "O Senhor tomou todas as nossas enfermidades sobre si e O Senhor curou todas as nossas doenças. Por suas pisaduras, Senhor, estamos curados."

Bridge for Peace Alicerce para a Cura

RESPOSTAS

PARTE UM
LIÇÃO QUATRO

PORQUE JESUS MORREU?

1) Resposta pessoal.
Fico surpresa quando percebo o que parece ser uma súbita explosão de nova liberdade, alegria, paz ou consciência da abundância de Deus. O Espírito Santo trabalha continuamente em minha vida levando-me a novos níveis de graça sentida.

2) Resposta pessoal.
Eu tive a experiência de estar dividido entre escolhas. Lembro-me de ocasiões específicas em que a graça superou instantaneamente toda a resistência, porque me lembrei de Gálatas 2:20. Costumo citar esta escritura em voz alta, às vezes em uma sala vazia! Para viver de Gálatas 2:20, sabendo que eu fui crucificado com Cristo, me dá um sentimento de serenidade e um senso de vitória.

3) Resposta pessoal.
Sim. Às vezes parece que a pressão para se conformar aumenta à medida que as pessoas tentam dar sentido a um mundo louco. Alguns devem sentir a saída das trevas, estabelecendo regras mais rígidas. Eu me vejo cada vez mais consciente das expectativas externas como Deus me tira de falsos ensinamentos. Paulo estava profundamente ciente das regras artificiais que se opunham ou eram adições feitas pelo homem às exigências de Deus. Eu sou abençoado por ter algumas pessoas como Paulo em minha vida que me ajudaram a crescer em discernimento.

4) Resposta pessoal.
Tentar manter regras externas me foca em duas coisas: o que outras pessoas pensam e medem meu sucesso. Eu sei que Deus não está interessado em qualquer um. Deus quer que meu foco esteja no que Ele pensa como explicado em Sua Palavra e medir meu sucesso pela minha obediência à Sua Palavra. Deus me dá poder para guardar Suas regras. Deus diz que Ele escreveu Sua lei em meu coração. É claro que a humanidade interpreta as regras de Deus e isso se torna o ímpeto para o estudo pessoal e a oração pelo discernimento à medida que surgem situações da vida.

5) Resposta pessoal.
Tentar superar meu próprio pecado leva à frustração, faz o pecado realmente grande em minha vida, e nunca foi bem sucedido. Entregar o meu pecado ao Senhor e lutar e seguindo Seus caminhos felizmente me deu paz. Ao lutar com o pecado, aplico o remédio de Deus de arrependimento, recebendo perdão, confiando em Sua graça e submissão ao Espírito Santo que continua a mudar minha vida.

Bridge for Peace Alicerce para a Cura

6) Resposta pessoal.
A lei de Deus no meu coração é a voz. Sua Palavra diz que eu sempre ouvirei uma voz que me seguira dizendo: "Este é o caminho, ande por ele nela". A Palavra de Deus é muitas vezes conflituosa e eu sei a diferença entre meu desafio interior de responder a Ele e meu esforço para atender às expectativas estabelecidas Através de um conjunto de regras - faladas ou não ditas. As palavra de Deus levam à vida. Regras ímpias são como ladrões furtivos, roubando-nos um pouco de cada vez, levando eventualmente à pobreza espiritual e à morte.

7) Resposta pessoal.
Meu testemunho sobre o CD da Ponte para a Paz "Segure na Visão" detalha como Deus me levou a correr riscos. Estou muito grato por como Deus recriou minha vida.

8) Resposta pessoal.
Ainda estou submetendo. Ele ainda está crescendo! Mais recentemente, eu tenho escrito este estudo como uma resposta ao Espírito Santo. Deus tem me cultivado através da escrita. Outro lugar de crescimento tem sido o privilégio de trabalhar com a talentosa ponte para a Paz que compartilhou livremente sua experiência e encorajamento para completar este trabalho!

9) Resposta pessoal.
Ainda encontro que às vezes resisto a encontrá-Lo nas profundezas a que Ele me convida. Encontrar Deus é um evento formidável! É sempre glorioso, mas muitas vezes assustador.

10) Resposta pessoal.
O chamado de Deus à minha vida e a Ponte para a Paz é a cura para as nações. Por Sua graça eu continuo a responder a Seu chamado. A cura é um ministério amplo. Deus cuidadosamente me treinou e o Espírito Santo continua a mostrar-me novas áreas que Ele quer abordar através de mim. Mais recentemente, Deus está me mandando orar por pessoas suicidas ou afetadas por suicídio. Jesus quer libertá-los através do Seu Sangue.

11) Substituição de nome pessoal.
Annette foi crucificada com Cristo. Já não é Annette quem vive, mas Cristo (O Messias) vive em Annette; E a vida que Annette vive no corpo, ela vive pela fé no Filho de Deus que a ama e Se entregou por ela.

Respostas

Parte Dois

Bridge for Peace Alicerce para a Cura

RESPOSTAS

PARTE DOIS
LIÇÃO UM

AUTORIDADE I

1) Resposta pessoal.
Jesus Cristo nasceu na terra como homem. Ele propositadamente se humilhou e determinou obedecer ao Pai sem limitação, até morrer em uma cruz, uma morte desprezível para o povo do Seu tempo. Embora muitos o injuriaram, Deus exaltou Jesus ao lugar mais elevado. O Pai deu a Jesus um nome acima de todo nome. Há um decreto celestial exigindo que no Nome de Jesus todo joelho se dobre, e toda língua confesse que Jesus Cristo é Senhor. "todo" inclui seres espirituais e físicos.

2) Resposta pessoal.
A Escritura diz que o Nome de Jesus está acima de todo nome. Para mim, isso significa que Jesus Cristo é a autoridade suprema.

3) Resposta pessoal.
Um embaixador representa oficialmente o governo de um país para o governo de outro. Um embaixador geralmente vive em uma terra estrangeira durante a atribuição. Os seguidores de Cristo representam o Reino do Céu com a plena autoridade de Deus para a terra e as forças demoníacas. Como embaixador de Cristo, eu represento Seu Reino na terra. Eu me considero um estrangeiro em missão neste mundo, preferindo pessoalmente o céu, mas servindo de todo o coração por causa daquele que me salvou. Ele não quer que ninguém perca no inferno, mas todos venham a conhecê-Lo. Minha responsabilidade é obedecer Sua vontade diariamente. Minha missão é proclamar a boa notícia de que Seu Reino veio, curando os enfermos, e libertando aos cativos.

4) Resposta pessoal.
Certa vez, num elevador do aeroporto, tive ocasião de falar com um homem que não conhecia Jesus Cristo. Contei-lhe algumas das minhas experiências. Quando eu estava falando sobre um cego, ele disse: "Não me diga que ele foi curado." Ele se recusou a ouvir. Quando as portas do elevador se abriram, ele disse: "Tudo que eu preciso é de Deus para me dar um milhão de dólares." Quando eu estava saindo do elevador, uma comissária de bordo jamaicana olhou para ele e disse: "Tudo o que você precisa é saber que Jesus Cristo é Senhor. "Fiquei muito feliz por me encontrar com outro embaixador para Cristo!

5) Jesus diz que toda autoridade no céu e na terra lhe foi dada. Ele ordena a seus discípulos, aqueles sob Ele, para treinar, batizar, instruir e comissionar outros. Jesus dá autoridade a Seus seguidores.

Bridge for Peace Alicerce para a Cura

6) Jesus deu a seus seguidores a graça sobrenatural, a força física e mental e a capacidade de superar o poder que o inimigo possui. Os Espíritos teriam de se submeter a Seus seguidores por causa da autoridade de Deus. Jesus dá autoridade sobre a doença a Seus fiéis. Ele diz que Seus embaixadores falarão a língua de Seu Reino através do dom de línguas. Jesus diz que nada lhes fará mal. Isso é imunidade diplomática!

7) Jesus disse que Ele iria expulsar demônios e curar as pessoas hoje e amanhã. Hoje, amanhã, e no terceiro dia Ele sabia que Ele tinha autoridade e continuaria Sua obra.

8) Resposta pessoal.
Pode haver várias maneiras de receber a garantia de Deus, mas há apenas uma maneira de sermos eficazes. Todo sucesso vem de Deus. Seus servos obedientes serão eficazes e dar-Lhe toda a glória.

9) Resposta pessoal.
Deus me assegura diariamente através da oração enquanto eu leio Sua Palavra. Eu sou tão grato pela garantia que Ele produziu em mim, mas espero continuar a crescer na certeza de Deus!

10) Resposta pessoal.
Como o Espírito Santo me leva a estudar a Palavra, a orar e a ouvir CDs cristãos, ler livros, assistir a conferências e sair em missão, eu crescer em Deus garantia. Obedecer a Sua Palavra para colocar as mãos sobre os enfermos, fazendo Sua Palavra, libera grandes jorros de crescimento!

11) Seus discípulos disseram que os demônios os obedeceram quando usaram a autoridade dada no Nome de Jesus.

12) Resposta Pessoal.
Quando eu comecei no ministério de libertação às vezes nem parecia ser verdade. Lembro-me de pensar: "O que está acontecendo aqui?" O Espírito Santo me guiou através de muitas experiências. Meu professor é impressionante! Agora, meu sentimento sobre o ministério de libertação é profunda gratidão a Jesus Cristo, que nos libertou por Sua cruz e continua a ministrar liberdade através de Seus discípulos.

13) Exemplo pessoal.
Eu orei por uma mulher com neuralgia trigeminal, chamada doença suicida. É extremamente doloroso, sem cura ou tratamento conhecido. Vítimas da doença muitas vezes desespero. Através da autoridade do Nome de Jesus, a senhora foi curada. Glória ao nosso Deus, cuja autoridade é suprema!

Parte Dois – Lição Um
Respostas

Bridge for Peace Alicerce para a Cura

RESPOSTAS

PARTE DOIS
LIÇÃO DOIS

AUTORIDADE II

IMPORTÂNCIA DO NOME

1) Resposta Pessoal.
Os nomes refletem o caráter e a finalidade. Eu acho que Deus novos nomes as pessoas para expressar a eles quem eles tinham se tornado e / ou a quem eles se tornariam. Os nomes dados também expressaram potencial e destino.

2) Resposta Pessoal.
Annette significa graça, graciosa, pequena Anne. Reflete meu fundo francês. O pai de minha mãe cresceu na França.

3) Resposta Pessoal.
Meu nome é muito significativo para mim. Pela graça eu fui salvo! Existem várias escrituras referentes à "graça" que me abençoam porque meu nome significa graça. Eu abraço meu destino implícito de ser graça-cheio!

4) Resposta Pessoal.
Estou sempre ansioso para ouvir o que Deus vai falar através de Seu Corpo, quando dois ou mais estão presentes. Eu experimentei os ensinamentos do Espírito Santo, palavras proféticas e canções, e louvores inspirados ao orar com os outros. Sua Presença expressa no corpo é uma fonte de força, encorajamento, direção e alegria.

ORANDO EM NOME DE JESUS

5) Escolha pessoal e discussão.
"Perguntar" é repetido três vezes. Deus quer que perguntemos. "Em Meu Nome" também é repetido três vezes. "Eu vou fazê-lo" é repetido duas vezes. Eu observo duas outras frases nessas escrituras:
    1) "Ele vai conceder o seu pedido."
    2) "Ele o dará a você".
Acho que a repetição desses temas é a construção da fé.

6) Resposta pessoal.
Jesus ensinou o "Pai Nosso" mostrando que Ele deseja que rezemos "Tua vontade seja feita". Em certa ocasião eu pensei que era uma oração de resignação. Agora sei que é uma oração de aceitação e determinação.

Bridge for Peace Alicerce para a Cura

ABUSO DE PODER

7) Resposta pessoal.
A história abunda em lutas de poder e eles ainda nos cercam de muitas formas diferentes. Eu vejo a bondade no poder de Deus. No ministério de cura vejo pessoas libertadas pelo poder de Deus. Eu vi pessoas paralisadas por poder abusivo como a doença passa de pais para filhos. Tragicamente, as crianças podem continuar o padrão de abuso em suas próprias famílias. Quando ouço histórias de abuso de poder, sinto emoções conflitantes de raiva, tristeza e esperança para a cura das vítimas. Sinto que as questões de poder não podem ser ignoradas.

8) Resposta pessoal.
No começo, foi difícil para mim falar em nome de Jesus. Eu não tinha entendido a autoridade que Deus havia me confiado ou a resposta que eu precisava. Eu tinha sido ensinado sobre minha indignidade. O Espírito Santo me mostrou que esses ensinamentos eram mais sobre a falsa humildade do que a Palavra de Deus e plano. Sou grato ao Espírito Santo que continua a ensinar a verdade sobre o poder de Deus. Agradeço a Deus por me dar o dom do Nome de Seu Filho Jesus Cristo.

9) Resposta pessoal.
Bertha, uma amiga idosa em uma cadeira de rodas, enviou dinheiro para um tele-evangelista porque disse que isso afetaria sua cura.

10) Resposta Pessoal.
À medida que esperamos no Espírito Santo, acho que Ele traz memórias ou revela situações atuais que exigem perdão. A falta de perdão prejudica as pessoas. Embora um abusador não tenha pedido perdão, Deus me pede para escolher o perdão e depois derrama a cura em um coração macio. O Espírito Santo espera nossa permissão para nos libertar.

11) Resposta pessoal.
Como um americano, muitas vezes eu tomo o poder concedido que eu tenho que influenciar. Minha escolha de como eu gasto o dinheiro é poder. A capacidade que tenho de votar, escrever cartas de protesto, falar palavras vivificantes, são questões relativas à maneira como uso o meu poder. Quando eu negar ou não exercer o meu poder de forma adequada, tenho de me arrepender.

IDENTIDADE ROUBADA

12) Resposta pessoal.
Eu tenho que estar firme e me lembrar das verdades das escrituras. As tentativas de roubo são a norma neste mundo, mas o Nome do Senhor é uma torre forte (Provérbios 18:10)! Eu invoco liberalmente o Nome de Jesus. Eu me defendo das mentiras de Satanás com a Palavra e uso a escritura como uma arma ofensiva contra o inimigo que o conduz de volta. Lembre-se, os roubos são a norma e, como cristãos, estamos em alto risco de um ataque. Minha identidade em Cristo cresce conforme o Espírito Santo me ensina através da Palavra, livros, estudos bíblicos, fitas e experiências.

Bridge for Peace Alicerce para a Cura

JUSTIÇA

13) Respostas pessoais.
Uma pessoa auto-justificada acredita ser boa e aprova-se com base na bondade pessoal. Uma pessoa auto-justificada aprova de si mesmo como bom e baseia essa aprovação em contribuições. A Bíblia nos adverte, lembrando-nos que cada homem tem razão em seus próprios olhos. Os auto-justos são propensos a medir e esforçar-se. O resultado geralmente é o orgulho pecaminoso ou o desânimo por falhas de desempenho. Jesus disse que somente Deus é bom.

14) Resposta pessoal.
A oração intercessora libera o poder de Deus em circunstâncias. Todas as autoridades precisam de oração. Funcionários do governo, líderes religiosos, professores, pais, líderes financeiros e industriais e trabalhadores precisam de oração para usar sua autoridade de maneira piedosa. As crianças na escola precisam de oração; Bebês no útero precisam de oração. Jesus nos chama a liberar o poder através da intercessão para que Seu Pai seja glorificado.

Bridge for Peace Alicerce para a Cura

RESPOSTAS

PARTE DOIS
LIÇÃO TRÊS

Capacitados Pelo Espírito Santo

PÁSCOA

1) Resposta pessoal.
Algumas de suas reações foram notadas porque Jesus mencionou que elas pareciam tristes ou cheias de tristeza. A dor toma formas estranhas. Sentimentos de devastação, negação, dormência, dor, abandono e outros estão associados com a dor. Lembro-me de como me senti quando as pessoas que eu amava se aproximavam de sua morte. Recordando essas experiências, imagino como os discípulos podem ter sentido e reagido.

2) Jesus disse que era melhor para os discípulos se Ele fosse porque o Conselheiro, Amigo, Consolador, Advogado viria.

O ESPÍRITO SANTO

3) Jesus diz que o Espírito os guiará para a verdade que eles ainda não estão prontos para receber. O Advogado os advertirá do pecado, explicará justiça e julgamento. O Espírito lhes dirá o que foi ouvido no céu. O Amigo lhes falará sobre o futuro. O Consolador trará revelação, dizendo aos discípulos o que Jesus está dizendo. O Conselheiro os ensinará e glorificará a Jesus.

4) Resposta pessoal.
Eu valorizo o Espírito Santo por todas essas funções em minha vida. Especialmente neste momento me sinto especialmente grato pela convicção do pecado. O Espírito Santo é o único que pode me convencer, me dá a graça de arrepender-me e receber o perdão por meio de Jesus Cristo.

5) Resposta Pessoal.
Eu amo e exalto o Espírito Santo. Sou tão grato por Sua terna Presença. O Espírito Santo é o melhor Mestre com tempo perfeito, sabendo quando estou pronto para a próxima lição. Ele cuidadosamente me prepara e oferece oportunidade de aplicar Seu ensino para que ele se torne parte de mim. O Espírito Santo é meu amigo e eu sou grato por ser dele. Jesus descreveu o Espírito como muito importante, e eu achei que isso fosse verdade.

Bridge for Peace Alicerce para a Cura

6) Resposta Pessoal.
Várias ocasiões foram importantes na minha contínua busca de conhecer o Espírito Santo. Ainda me lembro do ensinamento sobre o Espírito Santo que foi central para minha experiência de confirmação. Essa é a primeira introdução que me lembro. Anos mais tarde, como um adulto, eu assisti a um Seminário de Vida no Espírito que também se concentrou no Espírito Santo. Na conclusão do seminário, fui abençoado por receber a experiência de mudança de vida da Presença e dos dons do Espírito Santo.

7) Algumas traduções dizem que quando os discípulos O viram, adoraram, mas duvidaram. Outras versões dizem que todos adoraram nosso Jesus ressuscitado, mas alguns duvidaram. Vários deles não parecem ter muita fé.

8) Eles deveriam esperar pelo Batismo do Espírito Santo.

9) Jesus disse que receberiam o poder e diriam às pessoas sobre Ele até os confins da terra.

10) Resposta pessoal.
Eu acredito que Jesus considerou o Batismo do Espírito Santo vital para cada crente para completar o seu propósito de Deus. Jesus ressalta a importância do Batismo do Espírito Santo em várias passagens das escrituras.

PENTECOSTE - O Recebimento do Espírito Santo

11) Resposta pessoal.
Fui convidado para um grupo de oração carismático e ouvi pessoas falando em línguas e compartilhando as passagens das escrituras com a compreensão. Eu amava Jesus, mas vi que essas pessoas tinham algo que eu não tinha. Eles disseram que era o Espírito Santo. Eu queria o Espírito Santo. Ao longo do seminário, eles explicaram as escrituras relacionadas ao Batismo do Espírito Santo. Eles oraram por mim e eu recebi o Batismo do Espírito Santo. Eu estava preocupado com o dom de línguas, mas recebi alguns bons conselhos. Um líder do grupo de oração disse que se alguém quisesse o batismo do Espírito Santo, receberia o que o Espírito Santo tivesse que dar com gratidão. Fico feliz por ter seguido seu conselho.

12) Resposta Pessoal.
Sim, quando participar de um Seminário de Vida no Espírito. Ed recebeu o batismo do Espírito em nossa sala de estar.

13) Resposta Pessoal. Se você deseja receber o Batismo do Espírito Santo, ore a oração na próxima lição! Se alguém que você conhece quer receber o Batismo do Espírito Santo, a oração na próxima lição pode ajudar.

Bridge for Peace Alicerce para a Cura

RESPOSTAS

PARTE DOIS
LIÇÃO QUATRO

A ORAÇÃO DA NOVA ALIANÇA
"Oração da Aliança pelo Sangue de Jesus"

PODER PARA CURAR

1) Resposta pessoal. Deus me mostrou que é muito importante dar às pessoas a oportunidade de receber o Espírito Santo. Às vezes o diabo me tentou para olhar uma pessoa ou um casal e pensar: "Eles não estão interessados." O diabo diz mentiras. Eu não quero ir para a cama depois de um serviço de cura e me pergunto o que Deus teria feito se eu tivesse convidado alguém para receber o Espírito Santo. Olhando trás, não consigo me lembrar de uma pessoa que veio a mim em um serviço de oração de cura que não queria receber o Batismo do Espírito Santo.

2) Resposta pessoal. Creio que é muito importante convidar as pessoas a receber o Batismo do Espírito Santo. Eu creio que é pelo poder do Espírito Santo que somos capazes de obedientemente viver a vida que Deus planejou para nós. É minha responsabilidade oferecer esse equipamento às pessoas que estão buscando ajuda do Senhor.

PODER PARA CAPACITAR

3) Resposta pessoal. Preciso do Espírito Santo para me mostrar onde gastar minha energia e agora para me equipar para ser um servo sensível para completar este Curso como Deus quis.

PODER PARA ARREPENDERSE

4) Resposta Pessoal. Sim. Depois de um mal-entendido, pedi desculpas pela minha parte na situação e pedi perdão da pessoa e de Deus. Eu tinha uma incrível sensação da presença de Deus após o arrependimento. Alegria e paz transbordaram meu espírito.

5) Resposta Pessoal. Meus pais foram casados por mais de quarenta anos. Eles tinham boas relações com seus irmãos e mantidos em contato freqüente com outros membros da família. Havia discussões porem eles estavam bem.

6) Resposta Pessoal. Conheço várias pessoas que foram prejudicadas, mas a parte abusiva se recusa a assumir a sua responsabilidade. Tenho compaixão por pessoas nessa situação.

7) Resposta pessoal. Sim. Alguns dos meus pensamentos e ações que eu achei aceitável há dez anos, eu não acho aceitável hoje. Eu atribuo isto a Deus falando-me sobre arrependimento.

PODER PARA PERDOAR

8) Resposta Pessoal.
Preciso perdoar os outros; E às vezes eu preciso me perdoar. Às vezes, quando eu pensava que eu tinha perdoado, mais tarde descobri que mais perdão é necessário. Deus quer que eu escolha o perdão e o Espírito Santo me ajuda.

9) Resposta pessoal.
Eu encontrei poder através do Espírito Santo para tomar a decisão de perdoar.

10) Resposta pessoal.
Jesus nos disse para amar nossos inimigos, para orar por eles. Jesus demonstrou o perdão de Seus inimigos. Jesus não tolerou e não tolera o mal.

Respostas

Parte Três

Bridge for Peace Alicerce para a Cura

RESPOSTAS

PARTE TRÊS
LIÇÃO UM

AS QUATRO MANIFESTAÇÕES DA CURA

1) Resposta pessoal.
Em relação à cura física, sempre que o corpo físico se recupera da doença é um milagre.

2) Resposta pessoal.
Paulo falou sobre levar o evangelho ao povo com uma demonstração de poder. Ele não trouxe o evangelho em sua própria força. As pessoas abraçavam a verdade por meios sobrenaturais e demonstravam o poder de Deus. Jesus pregou boas novas com a imposição de mãos, milagrosamente curando os enfermos. Paulo pregou o evangelho como seu Mestre ensinou. Paulo curou os enfermos no Nome de Jesus Cristo, demonstrando o poder de Deus para glorificar o Pai.

3) Resposta pessoal.
Eu vi o evangelho pregado com a demonstração de poder em Ponte para a Paz quando as pessoas receberam a verdade que Jesus Cristo é Senhor. Tenho visto muitos perceber a palavra de Deus é verdadeira como Deus demonstrou Seu poder milagroso, curando as pessoas e libertá-los da opressão demoníaca, enquanto o ser proclamado.

4) Resposta pessoal. As pessoas sempre parecem ser as mais afetadas quando eu sou simplesmente eu mesmo e compartilhar minha história. Eu acho que é por isso que Deus me enviou a essas pessoas em particular, porque Ele sabe que eu (minha personalidade, experiência, maneirismos) seria a maneira mais eficaz de alcançá-los. Deus sabe qual embaixador enviará a cada território!

5) Resposta pessoal.
É difícil entrar na dor das pessoas com eles, mas eu sempre achei um privilégio.

6) Resposta pessoal.
As pessoas precisam de encorajamento para perseverar, continuar a ir a serviços de cura, orar por si mesmas, pedir intercessão de suas igrejas e amigos. Ajudamos as pessoas quando as encorajamos a perseguir todas as oportunidades que Deus lhes dá para receber sua herança.

7) Resposta pessoal.
Quando eu era pequeno, todos os meus dentes caíram e foram substituídos por um conjunto completo - apenas maior! incrível!

Bridge for Peace Alicerce para a Cura

8) Resposta pessoal.
Sim. Recentemente oramos por um membro da família com aftas. Foi incrível ver as crostas se formar tão rapidamente nos lábios e inflamação da língua normalizar. Em seguida, as crostas desapareceram em um período de tempo surpreendentemente curto.

9) Resposta pessoal.
Sim. Um amigo querido foi diagnosticado com esclerodermia. À medida que o tempo passa, sua condição está melhorando em vez do agravamento esperado. Em sua última visita, a médica, especializada em sua condição, disse: "Você está muito à frente de todos os outros que estão vindo me ver." Ela atribui isso à oração.

10) Resposta pessoal.
Eu acho que é muito importante compartilhar testemunhos de cura enquanto oramos por pessoas. Quando compartilhamos histórias de cura, liberamos a fé. Todos precisam ser encorajados. Tenho ouvido muitos testemunhos sobre pessoas que acordaram curadas no dia seguinte ao serviço. Eu passo a história para encorajar as pessoas a acreditarem para sua própria cura. Além disso, muitos que foram curados diante dos meus olhos ainda hesitam em acreditar.

Recentemente, um homem com uma posição de alto nível nas Nações Unidas veio para a oração. A comunicação era fundamental para sua carreira. Ele foi submetido a cirurgia para uma condição cardíaca e experimentou um acidente vascular cerebral na mesa de operações. Como resultado, ele tinha afasia; Seu discurso era mínimo e sem sentido. Tanto ele como sua esposa ficaram profundamente aflitos por sua incapacidade de trabalhar. Depois que oramos por ele, ele nos contou o que aconteceu com ele. Ele estava trabalhando na África do Sul quando essa calamidade atingiu. Ele se expressou muito bem, com ordem e clareza. Então ele disse: "Um dia eu serei curado." Um dia! Ele estava curado então. Até mesmo sua esposa disse: "Quando chegamos aqui, você não poderia falar mais de três palavras." O cavalheiro precisava ser encorajado a possuir o que Jesus Cristo tinha feito por ele e manifestado naquela noite no culto.

11) Resposta pessoal.
Sim. Dois dias atrás, um homem me contou esta história. Eu tinha orado por ele no ano passado por cura de um coágulo de sangue. Após a cirurgia cardíaca um coágulo de sangue se formou em seu coração. Após a oração, ele retornou ao médico para fazer os exames. Olhando para as provas, o médico disse: "Eu não entendo isso. Não consigo encontrar o coágulo sanguíneo. Isso é incomum ... "

12) Resposta pessoal.
Estou animado pelas palavras diretas e promessas diretas de Jesus Cristo para mim. As palavras de Deus fazem com que eu examine minha vida pelos frutos esperados. Há conforto nas palavras de Cristo. Quando as pessoas (às vezes frequentadoras da igreja) são céticas, cínicas ou condescendentes quando você compartilha sobre curas milagrosas, lembre-se de que Cristo nos ordenou que libertássemos e nos curássemos, não importando o que os outros pensassem. Acho reconfortante saber se continuo a fazer o que Deus me chama, Ele cumprirá Suas promessas e **Para mim e glorificarei seu nome em este processo.**

13) Resposta pessoal.
Sim. Mais recentemente, orei por uma mulher que teve ataques de pânico. Eu coloquei minha mão em seu ombro e mal tinha falado uma palavra quando ela caiu instantaneamente no banco. Eu me perguntei se era real ou se ela estava agindo. Eu a conheci duas semanas depois e ela não teve um único ataque.

Bridge for Peace Alicerce para a Cura

RESPOSTAS

PARTE TRÊS
LIÇÃO DOIS

CAPACITADO PARA MINISTRAR

1) Resposta Pessoal.
Eu acredito que cada pessoa que está vivendo a vida trocada é qualificada para ministrar a cura em sua esfera de influência dada por Deus. Ajudar-me-ia se a pessoa escutasse meu pedido, demonstrasse seu respeito; e se eu visse as curas manifestadas quando oraram por outro. Saber que faziam parte de um grupo de pessoas que eu respeitava também seria uma ajuda.

2) Resposta Pessoal.
Estou discernindo ao receber o ministério. Eu gosto de ouvir a aprovação do Espírito Santo em relação a pessoas que eu não conheço. Se alguém que eu não sei é excepcionalmente ansioso para colocar as mãos em mim, eu sou mais cauteloso. Sou grato por estar cercado por pessoas que estão vivendo a vida trocada e dispostos a orar por mim. Eu também estou ansioso para orar e que orem por mim. Deus usou profetas em minha vida.

3) Resposta Pessoal.
Na década de 1970 recebi um estímulo mínimo. No grupo em que assisti, havia definitivamente pessoas que eram consideradas pela liderança como "qualificadas" para ministrar. (Na verdade, era a liderança! Eles se consideravam qualificados.) Eu estava perto dos líderes, e assim participei de vez em quando. Eu também orei por algumas pessoas quando surgiu a necessidade fora de nossa reunião. No entanto, nos anos 1980 Deus enviou Ed e eu para as pessoas que nos capacitaram e foram instrumentos em nosso treinamento contínuo. Em 2000, quando clamamos a Deus para ver mais do Seu poder de cura e libertação, Ele nos enviou outros para nos ensinar, aprofundar nosso entendimento e nos encorajar.

4) Resposta Pessoal.
Deus tem feito tanto por mim como eu ministrei por isso ministro a cura. Ele mudou minha mentalidade enquanto eu estudei Sua palavra. Os cegos vêem, os coxos andam, os surdos ouvem e eu faço parte disso. E ainda o ouço sussurrar coisas maiores. Eu quero ver a cura de algumas condições que eu ainda não vi. Creio que Ele está aumentando minha fé e confiança, treinando-me em obediência imediata e me preparando para coisas maiores através das provas do ministério de cura.

5) Resposta Pessoal.
Eu ainda quero ver doenças congênitas curadas instantaneamente. Eu li sobre isso e acredito que Ele vai me permitir ver fibrose cística, distrofia muscular, paralisia cerebral, anemia falciforme e outras doenças sendo curadas.

Bridge for Peace Alicerce para a Cura

6) Resposta Pessoal.
Sim. No entanto, descobri que a palavra de Deus é verdadeira e que Sua promessa virá a acontecer, se eu acreditar e obedecê-Lo.

7) Resposta Pessoal.
Estou sempre procurando pessoas que eu possa aprender. Se estiver viajando com a Bridge for Peace em equipe, grupo de oração ou auxiliando em outro ministério, encontro a submissão à voz da chave do Espírito para meu crescimento. Uma das maiores emoções é ouvir a Palavra confirmada de Deus através do Corpo. Tenho observado algumas pessoas que têm resistido submeter à autoridade espiritual e eles não estão em uma situação muito boa. É claro que estamos discutindo a autoridade espiritual de Deus

8) Resposta Pessoal.
Acompanhar uma pessoa que esta enferma em oração gera sentimentos fortes. Pode ser emocionalmente e fisicamente desgastante, mas é uma experiência preciosa e eu fui grato a Deus por isso. Em última análise, o meu relacionamento com Deus aprofundou-se a partir de experiências com pessoas doentes. É muito importante assistir ao autocuidado em momentos intensos de companheirismo com outra pessoa. Com a realidade das limitações de tempo, pode parecer impossível. Acredito firmemente que Deus me mostra como gastar o melhor tempo. Sei que sou amado por Ele e Ele me levará a investir tempo, até mesmo alguns minutos, para me revitalizar. Ele deseja minha obediência em cuidar de mim mesmo. Às vezes, quando vemos situações desesperadas, podemos esquecer que temos necessidades, bem como a pessoa doente. É importante ouvir o Espírito em todas as coisas.

9) Resposta Pessoal
Sim. Lembro-me de procurar oração de cura por uma situação física. Um ministro de oração me fez perguntas estranhas. Então ela me disse que ela tinha várias impressões que não ressoam comigo em tudo. Eu sentia raiva. Como resultado, eu decidi que eu precisava perdoar e orar para que a pessoa fosse usada por Deus.
Em duas ocasiões eu me lembro que o ministro tentou me empurrar para imitar o que às vezes é chamado descansando no Espírito. Descansar no Espírito às vezes acontece quando as pessoas recebem oração. Descansar no Espírito é um movimento genuíno e espontâneo de Deus, não um empurrão. O perdão veio por meio da oração.

10) Resposta Pessoal.
O ministério de cura é simples e complicado ao mesmo tempo! Deus que me chamou continuará me qualificando.

RESPOSTAS

PARTE TRÊS
LIÇÃO TRÊS

CUANDO NÃO VEMOS A CURA

1) Resposta pessoal. Eu orei pela cura de alguém que morreu posteriormente. Um amigo, um crente de outro estado, me telefonou. Ela disse que sua tia Mary, que era uma pessoa amável e gentil, estava muito doente de câncer. Meu amigo se sentiu mal por estar tão longe dela e perguntou se eu poderia orar com sua tia. Ela havia recebido cura milagrosa do câncer quinze anos antes. Naquela época, ela estava gravemente doente no hospital, quando uma grande luz entrou em seu quarto e ela sabia que estava curada.

Quando eu conheci Mary, o câncer de cólon estava avançado. Ela recusou o tratamento e acreditou que o Senhor a curaria. Quando oramos por ela em nossa reunião de oração, o Senhor me levou a uma escritura. Deus se apresentou a mim e fiquei espantado. Foram muitos anos, mas eu me lembro de dizer que Maria viveria na terra dos vivos. (Há escrituras nessa linha nos Salmos.) Eu me perguntava o que significava, porque a terra é a terra dos vivos e o céu é a terra dos vivos. Eu hesitei em ler para ela, mas eu fiz.

Maria veio para oração em nosso grupo de oração algumas vezes e nós falamos no telefone algumas vezes. Ela ficou doente e morreu. Fomos para o velório. Senti-me triste por Mary morrer, mas grato por saber que ela estava com Cristo. Eu me perguntava como sua família se sentiria sobre a nossa vinda, uma vez que tínhamos orado por Maria. Seu marido expressou gratidão a mim por nossas orações e apoio. Disseram-me que a avó de Maria se dirigia aos enlutados, dizendo-lhes que Maria não estava morta, mas viva. Apelou para que todos os presentes percebessem que há vida eterna e que ela será passada no céu, a terra dos vivos, ou o inferno, o lugar da morte.

2) Resposta pessoal.
Senti-me triste e confusa.

3) Resposta pessoal.
Eu ainda não entendo por que Mary não foi curada, mas eu sei que ela está se alegrando na eternidade. Mesmo que eu não tenha uma resposta, eu não me sinto tão confuso. A morte e a vida de Maria na terra dos vivos são ambos mistérios. Sinto-me em paz. Confio que o Senhor revelará o que Ele deseja de mim sobre a morte de Maria e espero com paciência. Eu aprendi que é melhor menos conversa e mais oração.

Bridge for Peace Alicerce para a Cura

4) Resposta pessoal. Eu ainda faço muitas perguntas ao Senhor e busco respostas bíblicas. Ed e eu discutimos as curas maravilhosas que vemos o Senhor realizar e também aconselhar uns com os outros. Ser capaz de compartilhar com a equipe da Ponte para a Paz em missão é a melhor situação porque estamos todos juntoministério. O ministério local é mais difícil, uma vez que todos nós vamos para nossas próprias casas depois e pode ser alguns dias antes de uma situação pode ser discutida.

5) Resposta Pessoal.
Para ajudar alguém a perdoar, eu escutava atentamente o Espírito Santo. Eu poderia incentivá-los, dizendo-lhes o perdão é uma escolha não um sentimento e eles são os únicos que podem fazer a escolha. Eu poderia dizer-lhes como a falta de perdão lhes dói e falar sobre como Jesus nos perdoa. Eu poderia compartilhar uma história semelhante à deles. Eu poderia falar com eles sobre como o perdão os liberta. O Espírito Santo conhece cada coração. Eu faria tudo o que pudesse para ser Seu instrumento de libertação da falta de perdão.

6) Jesus chamou Lázaro depois de morto para sair do túmulo e Lázaro saiu.

7) Observação pessoal.
Quando eu li a escritura, notei que a ressurreição de Lázaro não dependia de sua fé. Ele estava morto.

8) Observação pessoal.
Marta lamentou a morte de Lázaro e acreditou que seu irmão não teria morrido se Jesus estivesse lá. Ela disse que mesmo assim ela sabia que tudo o que Jesus pedisse de Deus seria concedido. Jesus disse que Lázaro se levantaria novamente. Martha afirmou isso no sentido futuro. Ela não expressou nenhuma crença em seu irmão sendo levantado de volta à vida terrena. Maria também disse que acreditava que Jesus poderia ter curado a Lázaro. Alguns da multidão culpou Jesus por não impedir a morte de Lázaro. Ninguém expressou fé que Lázaro poderia ser ressuscitado. Eles resistiram a rolar a pedra do seu túmulo.

9) Observação pessoal.
Jesus agiu.

10) Observação pessoal.
Quando Jesus visitou Sua cidade natal, Ele falou sabedoria e realizou milagres.

11) Observação pessoal.
O povo de Nazaré disse que era um carpinteiro cuja família eles conheciam.

12) Observação pessoal.
Eles desaprovaram a Ele e não reconheceram Sua autoridade. Eles não tinham fé Nele.

13) Jesus disse: "Um profeta não é sem honra, exceto em seu país, entre parentes e em sua casa".

14) Observação pessoal.
Jesus ficou maravilhado por causa de incredulidade.

Bridge for Peace Alicerce para a Cura

15) Observação pessoal. Por causa da incredulidade dos nazarenos, Jesus não pode fazer milagres poderosos entre eles, exceto colocar as mãos em alguns doentes e curá-los. Sua falta de fé impediu os milagres.

16) Observação pessoal.
Jairo era um líder da sinagoga local, pai de uma menina que estava muito doente.

17) Observação pessoal.
Jairo pediu a Jesus para vir a sua casa, pôr as mãos sobre sua filha, e curá-la. Ele tinha fé. Ele acreditava que Jesus poderia curar.

18) O mensageiro disse para não incomodar Jesus porque a filha de Jairo estava morta. Em outra versão diz: "Não adianta". Eles não tinham esperança.

19) Observação pessoal.
Ele os ignorou.

20) Resposta pessoal.
Sinto que o conheço melhor através de Sua resposta.

21) Observação pessoal.
Jesus perguntou a Jairo
 a) não tenha medo
 b) confiar

22) Observação pessoal.
A multidão riu de Jesus. Percebo que seu riso não parecia afetar Seu plano.

23) Observação pessoal.
Jesus parou a multidão e permitiu que apenas Pedro, Tiago e João fossem com ele e Jairo. Os enlutados estavam dentro da casa. Jesus disse-lhes para ir para fora. Ele permitiu que apenas a mãe e o pai da menina e Seus três discípulos estivessem presentes quando Ele disse à menina para "Levante-se". Talvez, Ele só queria que pessoas com fé ou esperança estivessem lá.

24) Resposta pessoal.
Jairo não desanimou Jesus de vir a sua casa, embora os mensageiros dissessem que sua filha estava morta. Jairo não riu quando Jesus disse que a menina estava dormindo. Jairo sabia como um líder da sinagoga que um cadáver era impuro. Ele sabia que Jesus estava quebrando as regras. No entanto, Jairo seguiu obedientemente as instruções de Jesus. Sua esposa não protestou, mas obedeceu. Eles devem ter tido fé em Jesus para obedecer a essas instruções incomuns e permitir que Ele se encarregue em sua casa.

25) O milagre da filha não dependia de sua fé. Ela estava morta

26) Resposta pessoal.
Jesus demonstrou fé mesmo quando o mensageiro, a multidão que viu os milagres e a multidão de chorava. Jairo, sua esposa, Pedro, Tiago e João não expressaram crença, mas Jesus permitiu sua presença. Jesus sabia quem Ele Queria presente - possivelmente aqueles que Ele sabia que tinham fé.

27) Observação pessoal.
Os discípulos tentaram expulsar um espírito maligno, mas não conseguiram.

28) Observação pessoal.
Jesus declarou que eles eram pessoas teimosas e sem fé. Jesus perguntou: "Até quando estarei convosco, até que creiais? Quanto tempo eu devo suportar você? "Jesus disse que eles não tinham fé suficiente para expulsar o demônio.

29) Observação pessoal.
Os exemplos parecem contrários como eles pertencem à fé. Em João 11, parece que só a fé de Jesus, o Curador, importava. O milagre aconteceu apesar do que qualquer outra pessoa acreditava. Em Marcos 6, o próprio Jesus estava limitado pela incredulidade de outras pessoas. Em Lucas 8, Jesus permitiu que apenas Pedro, Tiago e João entrassem com Ele e ordenassem aos escarnecedores que fossem embora. Ele permitiu que Jairo permanecesse, que tinha demonstrado fé procurando Jesus em primeiro lugar. Jesus disse a Jairo para não ter medo, para confiar. As Escrituras dizem que Jairo foi absolutamente transformado pelo milagre da ressurreição de sua filha.

30) Resposta pessoal. Uma pessoa pode sentir vergonha ao pedir oração se sua doença se relaciona com áreas privadas do corpo ou da mente. Eles podem sentir vergonha porque acreditam que a doença é culpa deles ou estão doentes porque não são santos o suficiente. Eles podem sentir que eles são culpados por falta de fé. Eles podem ter sido informados de que estão doentes por causa do pecado escondido (embora a maioria das pessoas que eu encontrei com este problema não têm idéia do que o "pecado oculto" é e tormento-se a lembrar). Eles podem ter pedido oração uma vez e foi dito que uma vez que eles foram orados para a doença é curado, não importa como eles se sentem, e é errado pedir novamente. Há muitas razões pelas quais as pessoas podem ter vergonha de pedir oração.

31) Observação pessoal.
Jesus tomou um cego fora de sua "aldeia" (e o curou)

32) Observação pessoal.
Quando o cego disse que não estava totalmente curado, Jesus orou novamente.

33) Resposta pessoal.
Quando uma pessoa não manifestou a cura total, eu oro novamente.

34) Resposta pessoal.
Eu espero fluir livremente com o Espírito Santo em cada situação. Eu escutava a pessoa e então escutava o que o Espírito tinha a dizer. Em primeiro lugar, meu pensamento era servir, não julgar. A senhora hindu era verdadeira e o Espírito fez uma bela obra. No segundo caso, Deus descobriu o engano. Essas duas experiências me incentiva a crer mais no Senhor.

35) Resposta pessoal.
O Espírito Santo me aconselha a crer, a confiar e a buscar o entendimento. Eu sei que devo orar por discernimento para mover sabiamente e encorajar outros a buscar a cura por Jesus Cristo para cada circunstância.

RESPOSTAS

PARTE TRÊS
LIÇÃO QUATRO

COISAS MAIORES

COISAS MAIORES

1) As Escrituras mostram Jesus chamando as pessoas ao arrependimento. A Palavra registra Jesus curando os doentes, expulsando os demônios, encorajando Seus discípulos a desejarem mais e ensinando através de histórias. Percebo que Jesus fala com a multidão em geral, e depois leva tempo para compartilhar o significado mais profundo de Seus ensinamentos com Seus discípulos. Jesus veio para as pessoas que foram desprezadas pelos "religiosos", estabeleceu Sua vida por seus amigos e levantou os mortos.

2) Maiores coisas significam que Jesus vai fazer mais do que o que eu li nos evangelhos. Espero "mais". Espero ser participe de "coisas maiores".

3) Eu vi resultados extraordinários para mim e para os outros quando, por meio do poder do Espírito Santo, eu perdoei, As escrituras me dizem que Jesus perdoou.

4) O ministério do corpo é de âmbito amplo. Dei muitos exemplos, mas acabei de receber um telefonema que me lembra um outro aspecto do ministério do Corpo. Eu acabei de falar com Carl e Denise, um marido e uma esposa que me convidaram para sua casa para ministrar a amigos. Carl disse: "As pessoas que vieram sabiam que estavam em mais do que uma reunião de oração quando você orava com eles. Você ministrou a suas necessidades. Nós os conhecemos todos, e você falou a cada um exatamente onde suas vidas estavam. "Aqueles que se reuniram oraram por mim no final do nosso encontro. Eles falaram encorajamento em minha vida, palavra profética que eu sabia que era verdade, e liberado Espírito Santo poder para mim. Eles me falaram de coisas que não sabiam, mas eu sabia. O Corpo ministrou um ao outro naquele dia. Cada um deu e recebeu como inspirado pelo Espírito.

5) Bridge for Peace realizou muitos projetos liderados pelo Espírito que não poderiam ter sido realizados por qualquer indivíduo. O evento Rei do Natal exigiu mais de 60 voluntários, além de dezenas de líderes de adoração. Centenas de pessoas ouviram o evangelho pregado!

Bridge for Peace Alicerce para a Cura

6) Muitas vezes não temos um modelo a seguir temos que nos lembrar de Cristo.

7) Ser cheio do Espírito Santo através da oração e a Palavra definitivamente me move para a frente através de todos os obstáculos. Meu plano para receber o que eu preciso é reservar um tempo para a comunhão diária com Ele e deixar espaço para Deus me mover em Seu caminho criativo.

8) A perseverança é santa e necessária para eu ver as coisas maiores de Deus. É um contínuo indo para frente, apesar dos obstáculos.

9) Ao perseverar em oração, tenho sentido muitas coisas, incluindo o sentido do prazer de Deus. Eu também senti um desejo de sair, um sentimento de grande esperança, e outras emoções contraditórias. Quaisquer que sejam nossos sentimentos, sabemos que o Espírito Santo nos dá o poder de perseverar.

10) Sim, posso dar muitos exemplos de perseverança. Terminar este curso após dois anos é o exemplo mais recente! E terminar o Curso em nossa nova casa construída pela Palavra de Deus depois de perseverar por vinte anos é uma dupla bênção. Em ambas as situações fui ajudado pelo povo que Deus colocou ao meu redor.

11) Quando eu sou perseverante, sei que estou apoiado no poder de Deus e agradeço a Ele por isso. Quando estou lutando, eu esqueço Sua Presença.

12) O tempo para discernir se deve ou não começar, é antes de começar. Eu gosto de ter uma Palavra de Deus em um projeto. Se Deus me dá uma Palavra, uma visão ou outro sentido de Sua vontade, eu me refiro a ela enquanto eu trabalho o projeto. Se ficar difícil eu poderia me perguntar: "Como é que eu entrei nisso?" Então eu tenho uma resposta clara e encorajadora, se eu comecei bem. Se eu não começar bem, e o projeto não era de Deus, então é hora de se arrepender e sucatear o projeto. Se foi de Deus, mas comecei mal, é hora de me arrepender e fazer um novo começo pedindo que Ele seja a Cabeça da obra.

13) Eu posso dizer se eu sair da pista, lutando, porque o sentimento em torno do trabalho é totalmente diferente. A sensação de pressão é diferente. Prestar atenção aos meus sentimentos e atitudes em torno do trabalho me ajuda a perceber se estou me esforçando ou perseverando.

14) Orei por muitas coisas que demoraram algum tempo a manifestar. Embora não seja fácil, aprendi lições preciosas através da espera. Eu ainda estou perseverando em oração por situações não resolvidas e ainda estou aprendendo.

15) Jesus me mostrou Ele às vezes tinha que orar duas vezes e Ele estava disposto a orar duas vezes. Acho que devo seguir o mesmo padrão.

16) Sim. Às vezes eu pensei que estava superando um grande obstáculo, mas percebo agora que eu nem estava na escola maternal do Espírito Santo. Às vezes pensei que era hora de seguir para a próxima lição, quando o plano de Deus ainda exigia anos de treinamento na mesma lição.

Bridge for Peace Alicerce para a Cura

17) Sinto uma conexão definitiva entre perseverança e coisas maiores. Penso nos muitos anos que esperamos pela missão do Brasil. Nenhum de nós poderia estar preparado para isso um momento antes. Ele nos preparou enquanto perseverávamos e vimos o maior como as coisas em grupo libertação e tumores cancerosos desaparecendo. Quem sabe para o que Deus está nos preparando agora enquanto perseveramos?

18) Resposta pessoal.
A Oração da Aliança de Sangue de Jesus me rejuvenesce. Obrigado, Jesus Cristo, Pai e Espírito Santo por Me dar Sua Palavra e permitir que eu receba Suas promessas.